TRIBUNAL

CRIMINEL ET SPÉCIAL

DU

DÉPARTEMENT DE LA SEINE.

ACTE D'ACCUSATION.

Le commissaire du Gouvernement, accusateur public près le tribunal criminel et spécial du département de la Seine :

Après avoir examiné toutes les pièces du procès instruit par le citoyen Thuriot, l'un des juges du tribunal criminel du département de la Seine, nommé par ordonnance du président dudit tribunal, en date du seize ventôse dernier.

Contre Georges Cadoudal, âgé de de trente-cinq ans, s'étant dit d'abord natif de Brech, et ensuite de Vannes, département du Morbihan, sans état, sans domicile en France, logé,

lors de son arrestation, à Paris, rue et montagne Sainte-Géneviève, N.º 32.

Athanaze-Hyacinthe-Bouvet de Lozier, âgé de trente-cinq ans, natif de Paris, propriétaire, demeurant à Cergy, département de Seine-et-Oise, et à Paris, rue Saint-Sauveur N.º 36.

François-Louis Rusillion, âgé de cinquante-deux ans, natif d'Yverdon, canton de Léman, ex-militaire, demeurant à Yverdon, et logé lors de son arrestation, à Paris, rue du Mûrier-Saint-Victor, Nº. 12.

Étienne-François Rochelle, âgé de trente-six ans, natif de Paris, sans état et sans domicile en France, lors de son arrestation logé à Paris, rue du Mûrier-Saint-Victor, Nº. 12.

Armand-François-Heraclius Polignac, âgé de trente-un ans, établi en Russie, natif de Paris, sans domicile en France, logé lors de son arrestation, à Paris, rue Saint-Denis, Nº. 29.

Jules-Armand-Auguste Polignac, âgé de vingt-trois ans et demi, sans domicile en France, et logé lors de son arrestation, à Paris, rue des Quatre-Fils, Nº. 8.

Abraham-Charles-Augustin d'Hozier, âgé de vingt-huit ans et demi, sans état, domicilié à Paris, vieille rue du Temple, Nº. 738, et

logé, lors de son arrestation , rue Saint-Martin,
N°. 60.

Charles-François de Rivière , âgé de trente-
neuf ans , natif de la Ferté , département du
Chér , se disant colonel au service de Portugal , sans domicile en France , logé lors de
son arrestation, à Paris , rue des Quatre-Fils,
N°. 8.

Louis Ducorps , âgé de quarante-six ans ,
natif de Saint-Piat, canton de Maintenon , département d'Eure-et-Loire , se disant homme
de confiance , demeurant à Aumale , département de la Seine-Inférieure.

Louis Léridant, âgé de vingt-six ans , natif
de Vannes , département du Morbihan , ex-
commis négociant, demeurant à Paris , cul-
de-sac de la Corderie , N°. 41 , division de la
Butte-des-Moulins.

Louis Picot, âgé de vingt-huit ans , natif
de Josselin , département du Morbihan , se
disant postillon , sans domicile en France ,
logé lors de son arrestation , à Paris , rue du
Puits-l'Hermite , N°. 8.

Victor-Couchery , âgé de trente-deux ans ,
natif de Besançon , département du Doubs ,
ex-employé , demeurant à Paris , vieille rue
Saint-Marc , N°. 14.

I.

Henri - Odille - Pierre - Jean Rolland , âgé de quarante-cinq ans , natif de Dieppe , département de la Seine-Inférieure , intéressé dans l'entreprise des équipages militaires de l'armée des côtes , demeurant à Paris , rue de la loi , N°. 152 , maison du Cercle.

Frédéric Lajolais , âgé de trente-neuf ans , natif de Wissembourg , département du Bas-Rhin , ex-général de brigade , demeurant ordinairement à Strasbourg , grande rue , N°. 6, logé lors de son arrestation , à Paris , rue Culture-Sainte-Catherine , N°. 525.

Jean-Victor Moreau , âgé de quarante ans , natif de Morlaix , département du Finistère , général , demeurant à Paris , rue d'Anjou , faubourg Saint-Honoré , N°. 922.

Pierre David , âgé de cinquante-cinq ans , natif de Lubersac , département de la Corrèze, ex-curé d'Uzerche , demeurant à Paris , rue de Beaune , N°. 627.

Michel Roger , âgé de trente-trois ans , natif de Toul , département de la Meurthe , sans état et sans domicile en France , logé lors de son arrestation , à Paris , rue Xaintonge , N°. 49.

Michel Hervé , âgé de cinquante ans , natif de Rennes , département d'Ile-et-Vilaine ,

ancien cordonnier, se disant chaircutier, demeurant à Rennes, rue de la Poissonnerie,
N°. 20, et logé lors de son arrestation, à Paris,
rue de la Vieille-Draperie, N°. 13.

Claude Lenoble, âgé de quarante-sept ans,
natif de Harel, département de l'Aube, se
disant commis d'entrepreneur de bâtiments,
demeurant à Paris, cul-de-sac Sainte-Marine,
en la cité, N°. 4.

Jean-Baptiste Coster, âgé de trente-trois
ans, natif d'Épinal, département des Vosges,
se disant ancien militaire, sans domicile en
France, et logé lors de son arrestation, à
Paris, rue Xaintonge, N°. 49.

Yves-Marie-Joseph-Rubin Lagrimaudière,
âgé de vingt-sept ans, natif de Rennes, département d'Ile-et-Vilaine, propriétaire, sans
domicile connu en France, arrêté à Paris,
rue du Bac, maison de Denand, marchand
de vin, N°. 642.

Victor Deville, âgé de trente-un ans, natif
de Rouen, département de la Seine-Inférieure,
sans état et sans domicile en France, arrêté
commune d'Andilly, canton d'Emile-Mont-
morenci, département de Seine-et-Oise.

Armand-Gaillard, âgé de vingt-neuf ans,
natif de Quérville, près Rouen, département

de la Seine-Inférieure , sans état et sans domicile en France , arrêté commune de Mériel , canton de l'Ile-Adam , département de Seine-et-Oise.

Noël Ducorps , âgé de quarante-deux ans , natif de Saint-Piat , près Maintenon , département d'Eure-et-Loire , domestique , se disant commissionnaire en pierres à feu , demeurant à Saint-Piat , et lors de son arrestation , logé à Aumale , département de la Seine - Inférieure.

Aimé-Augustin-Alexis Joyaut , âgé de vingt-six ans , natif de Lenac , département du Morbihan , sans état et sans domicile en France , logé lors de son arrestation , à Paris , rue Jean-Robert , Nº. 24.

Nicolas Datry , âgé de trente-quatre ans , natif de Verdun , département de la Meurthe, sans état , demeurant ordinairement à Rennes, et logé lors de son arrestation , à Paris , rue Jean-Robert , Nº. 24.

Louis-Gabriel-Marie Burban , âgé de vingt-neuf ans , natif de Questamberg , département du Morbihan , sans état , se disant domicilié à Rennes , rue Saint-François , maison d'un vitrier , et logé lors de son arrestation , à Paris , rue Jean-Robert , Nº. 24.

Guillaume Lemercier, âgé de vingt-six ans, natif de Bignan, département du Morbihan, imprimeur, se disant domicilié à Grand-Champ, même département, arrêté au village de Launay, commune de Mézières, département d'Ile-et-Vilaine.

Pierre-Jean Cadudal, âgé de quarante ans, natif du Brech, canton de Pévigné, département du Morbihan, se disant jardinier, et domicilié audit Brech, arrêté au village de Launay, commune de Mézières, département d'Ile-et-Vilaine.

Jean Lelan, âgé de vingt-sept ans, natif de Quervignac, canton de Port-Liberté, département du Morbihan, se disant cultivateur, et domicilié à Locle-Marin, même département, arrêté au village de Nocher, canton de Saint-Aubin d'Aubigné, département d'Ile-et-Vilaine.

Joseph-Laurent Even, âgé de trente-neuf ans, natif de Callac, département des Côtes-du-Nord, notaire public, demeurant audit lieu de Callac.

Jean Mérille, âgé de vingt-huit ans, natif de Saint-Front, département de l'Orne, propriétaire, résidant au Mans, département de la Sarthe.

Gaston Troche, âgé de vingt-trois ans, natif d'Eu, département de la Seine - Inférieure, horloger, demeurant à Eu.

Ecroués en la maison de justice du Temple, le 22 du présent mois, en vertu de mandats d'arrêt décernés le même jour.

Comme prévenus de délit prévu par l'article 612 de la loi du 3 brumaire an 4.

Contre Michel-Joseph-Pierre Troche, âgé d'environ 58 ans, natif de Londinières, département de la Seine-inférieure, canton de Neufchâtel, marchand horloger, et président du tribunal de commerce de la ville d'Eu, domicilié en ladite ville d'Eu.

Pierre Monnier, âgé de 37 ans, natif de Criquers, département de la Seine-Inférieure, maître de pension, demeurant à Aumale, même département.

Marie - Anne Collasse, femme de Pierre Monnier, âgée de 35 ans, native de Rouen, département de la Seine-Inférieure, maîtresse de pension, demeurant à Aumale, même département.

Jean-Baptiste Denand, âgé de 48 ans, natif de Bougainville, département de la Somme, marchand de vin, demeurant à Paris, rue du Bac, n°. 642.

Sophie Duval, femme de Jean-Baptiste Denand, âgée de 54 ans, native de Deuil, département de Seine-et-Oise, marchande de vin, demeurant à Paris, rue du Bac, n°. 642.

Jacques Verdet, âgé de 48 ans, natif de Vaucouleurs, département de la Meuse, employé à la liquidation générale de la dette publique, demeurant à Paris, rue du Puits-l'Hermite, division du Jardin-des-Plantes, n°. 8.

Catherine-Mélanie Monot Osvalt, femme de Jacques Verdet, employé, âgée de 5o ans, native de Lunéville, département de la Meurthe, demeurant rue du Puits-l'Hermite, n°. 8, division du Jardin-des-Plantes.

Pierre-Antoine Spin, âgé de 48 ans, entrepreneur de bâtiments, natif de Paris, y demeurant cul-de-sac de la Pompe, n°. 2, division de Bondi.

Marie-Michel Hizay, âgée de 27 ans, native de Paris, ouvrière, demeurant rue neuve Saint-Nicolas, n°. 16, division de Bondi.

Aussi écroués le même jour 22 du présent mois, en ladite maison de justice du Temple, en vertu de mandats d'arrêt dudit jour, comme prévenus de délit prévu par l'article 612 de la loi du 3 brumaire an 4, et par l'article premier du titre 5 de la seconde partie du code pénal;

Et contre Pierre-Jean-Baptiste Dubuisson, âgé de 47 ans, natif de Paris, peintre en éventails, demeurant à Paris, rue Jean-Robert, n°. 24.

Madeleine-Sophie Lambotte, femme Dubuisson, âgée de 38 ans, native de Paris, institutrice, demeurant à Paris, rue Jean-Robert, n°. 24.

Marie-Antoine Caron, âgé de 59 ans, natif de Marle, département du Mont-Blanc, marchand parfumeur, demeurant à Paris, rue du Four, faubourg Saint-Germain, n°. 167.

Simon-René Gallais, âgé de 36 ans, natif d'Angers, département de Maine-et-Loire, fripier, demeurant à Paris, rue Saint-Martin, n°. 60.

Et Jeanne-Aimée-Françoise Guérard, femme Gallais, âgée de 51 ans, native de Héricy, près Fontainebleau, département de Seine-et-Marne, marchande de meubles, demeurante à Paris, rue Saint-Martin, n°. 60.

Pareillement écroués en ladite maison de justice du Temple, le même jour vingt-deux du présent mois, en vertu de mandats d'arrêt décernés ledit jour, comme prévenus de délits prévus par l'article 612 de la loi du 3 brumaire

an 4 , par l'article premier du titre 3 de la seconde partie du code pénal , et par les articles
1 , 2 et 3 de la loi du 9 ventôse an 12 , relative
aux recéleurs de Georges et autres brigands.

EXPOSE CE QUI SUIT :

L'armée de Condé était en Brisgaw , lorsque le gouvernement anglais crut devoir la
prendre à sa solde , au mois d'avril 1795.

Pour en diriger le mouvement , Wickham
et Craufford se rendent à Mulheim.

A peine y sont-ils , qu'on pense aux moyens
de corruption.

La preuve en existe dans une Pièce trouvée
à Venise , dans le portefeuille d'Antraigues.
Elle est écrite en entier de sa main.

Elle est en tête de la correspondance saisie
à Offembourg, dans le chariot de Klinglin , le
2 floréal an 5 , envoyée au ministre de la
police , par le général Moreau, le 10 vendémiaire an 6 , et imprimée par ordre du Gouvernement français.

Suivant cette Pièce , on appèle à Mulheim
un ci-devant comte français , habile dans l'art
de manier les esprits.

On lui propose de faire sonder les dispo-

sitions du général Pichegru , dont le quartier·
général est à Altkirch.

L'ex-comte y consent : il se rend à Neufchâtel , et choisit deux personnes qu'il croit
susceptibles de faire des démarches , avec discrétion et intelligence.

Ces deux personnes partent le 13 août : elles
ont de la peine à joindre Pichegru : les obstacles sont toujours renaissants... Enfin , une
d'elles saisit une occasion , lui parle d'un objet
indifférent, puis lui dit qu'elle a quelque chose
à lui communiquer , de la part du prince de
Condé.

Pichegru la conduit dans un cabinet reculé,
et étant tète-à-tète , lui dit: expliquez-vous ;
que me veut monseigneur le prince de Condé?

La personne hésite et balbutie. Rassurez-
vous , lui dit Pichegru ; je pense comme M. le
prince de Condé. Que veut-il de moi ?

La réponse est facile à deviner ; mais la
personne n'avait pas d'instructions par écrit à
communiquer. Pichegru ne veut pas s'expliquer.

Il assigne un rendez-vous à trois jours , au
quartier-général , à heure fixe.

Le ci-devant prince de Condé , investi de
tous pouvoirs , par le Prétendant, avait trans-

mis à l'ex-comte ceux nécessaires pour entamer une négociation avec Pichegru.

Cet ex-comte lui écrit une lettre , dans laquelle il emploie tous les moyens possibles
pour intéresser son orgueil.

Il lui parle de la reconnaissance du Prétendant ;

De l'intention de le nommer maréchal de
France et gouverneur d'Alsace ;

De lui donner le cordon rouge, le château
de Chambor avec son parc , douze pièces de
canon enlevées aux Autrichiens, un million
d'argent comptant, deux cent mille livres de
rente , un hôtel à Paris , etc. etc. ;

De donner le nom de Pichegru à la commune d'Arbois , de l'exempter de tout impôt
pendant quinze ans ;

De confirmer dans leurs grades , tous les
officiers de l'armée qu'il commandait;

D'assurer un traitement à tout commandant
de place qui trahirait , et une exemption
d'impôt , pour toute ville qui ouvrirait ses
portes ;

Il ajoute que le prince de Condé desire
qu'il proclame le roi dans ses murs , lui livre
la ville d'Huningue , et se réunisse pour marcher sur Paris.

Pichegru , après avoir lu cette lettre , demande une preuve formelle que le ci-devant
prince de Condé approuve ce que lui écrit
son agent.

La réponse est rapportée à cet agent, qui
se rend auprès du ci-devant prince de Condé,
pour l'engager à écrire à Pichegru.

La lettre , après beaucoup d'observations ,
est enfin écrite ; elle assure Pichegru qu'il
doit avoir pleine confiance dans les lettres
que cet agent lui écrira de sa part.

Pichegru , en l'ouvrant, reconnaît l'écriture
et la signature; il la remet aussitôt au porteur, en
lui disant : « J'ai vu la signature, et cela me
suffit; la parole du prince est un gage dont tout
français doit se contenter; reportez-lui sa lettre».

Il s'ouvre alors sur la communication qui
lui a été faite :

« Je ne ferai rien d'incomplet, dit-il, je ne
veux pas être le troisième tome de La Fayette
et de Dumouriez; je connais mes moyens, ils
sont aussi sûrs que vastes ; ils ont leur racine ,
non-seulement dans mon armée , mais à Paris,
dans la convention , dans les départements,
dans les armées des généraux mes collègues ,
qui pensent comme moi.

»Je ne veux rien faire de partiel, il faut en finir.

» La France ne peut exister en république,
il lui faut un roi, il faut Louis XVIII; mais il
ne faut commencer la contre-révolution, que
lorsqu'on sera sûr de l'opérer promptement;
voilà quelle est ma devise.

» Le plan du prince ne mène à rien; il serait
chassé d'Huningue en quatre jours, et je me
perdrais en quinze.

» Mon armée est composée de braves gens
et de coquins; il faut séparer les uns des autres,
et aider tellement les premiers par une grande
démarche, qu'ils n'ayent plus la possibilité de
reculer, et ne voyent plus leur salut que dans
le succès.

» Pour y parvenir, j'offre de passer le Rhin,
où l'on me désignera, à jour et heures fixés,
avec une quantité convenue de soldats et
d'armes.

» Avant, je mettrai dans les places fortes des
officiers sûrs et pensants comme moi.

» Dès que je serai de l'autre côté du Rhin,
je proclame le roi, j'arbore le drapeau blanc;
le corps de Condé et l'armée de l'empereur
s'unissent à nous; aussitôt je repasse le Rhin,
et je rentre en France.

» Les places fortes seront livrées et gardées
au nom du roi par les troupes impériales.

» Réuni à l'armée de Condé, je marche sur-le-champ en avant; tous mes moyens se développeront alors de toutes parts; nous marchons sur Paris, et nous irons en quatorze jours ».

La nécessité de faire part aux Autrichiens et de se concerter avec eux, déplait.

On revient aux premières propositions.

Heureusement on ne s'accorde pas.

On se forme facilement l'idée de la conduite que Pichegru doit néanmoins tenir.

Bientôt un armistice facilite les moyens de renouer la correspondance entre lui, ses affidés, le ci-devant prince de Condé et le commissaire anglais Wickham.

Le bureau en est fixé à Offembourg.

Un des agents principaux de ce bureau est arrêté à Strasbourg comme espion. Pichegru s'empresse de le faire relâcher.

De nouvelles propositions lui sont faites. Il rejète celle de livrer Strasbourg; il fait dire au ci-devant prince de Condé qu'il aime autant que lui le Prétendant, et persiste à demander qu'on lui laisse diriger son armée vers son but.

Une lettre numérotée seize atteste ces faits.

Tout semblait, en effet, se préparer, et Wickham en était si convaincu qu'il ne dormait plus, tant il était occupé de l'espérance du succès.

Il fallait des fonds, on en annonça.

Wickham, qui avait d'abord parlé de cinq-cent mille livres, fit dire au ci-devant prince de Condé, qu'on était résolu d'employer jusqu'à douze millions.

Les lettres numérotées soixante-un et soixante-cinq le portent.

Un incident survient.

Pichegru est dénoncé au directoire.

Il veut se rendre à Paris pour s'expliquer, et profiter de cette circonstance pour connaître l'esprit des sections. Des fonds de Wickham lui sont offerts : il accepte neuf cents louis, en montant en voiture.

La lettre numérotée 162 en dépose.

Arrivé à Paris, sans lui en dire les motifs, on lui offre l'ambassade de Suède ; mais il demande un congé d'un mois, et vient à l'armée du Rhin.

Il a une conférence avec un affidé dont parle la lettre instructive numérotée 186.

Elle est du 16 floréal an 4.

L'adresse est à une tierce personne ; mais elle est réellement pour le ci-devant

2

prince de Condé, pour Klinglin et Wickham.

« Réjouissez-vous, dit-il ; enfin Pichegru nous est rendu, plus aimable et surtout plus savant que jamais...... J'ai pris le parti de lui faire remettre hier adroitement une lettre par mon gendarme ; un *oui* m'a indiqué le rendez-vous pour ce matin à la campagne : je m'y suis rendu, comme bien vous pensez, de bon matin, et j'ai eu la vive satisfaction de l'embrasser. Notre conférence a été de trois heures : on a beaucoup à dire quand on aime ; et quoique nos affaires de Paris ne soient pas au point où Pichegru et nous tous l'eussions desiré pour les intérêts du Prétendant, vous n'en admirerez pas moins les vastes et sages calculs de Pichegru qui, maintenant, m'a amplement communiqué son plan, et qui a décidément fixé les opérations à entamer.

» J'ai obtenu de Pichegru, vu la haute conséquence de la chose et l'extrème responsabilité qui pèse sur mes écrits, la promesse de rédiger allégoriquement la substance de ce qu'il m'a dit. Peut-être aussi aurais-je un tout petit mot de sa main, ce que je souhaite bien ; en attendant, je vais rendre compte de ce que Pichegru m'a dit.

« A son arrivée à Paris, le directoire lui

a écrit, comptant tirer de lui une réponse à
publier, pour montrer qu'il avait sa confiance.
Pichegru, au bout de huit jours seulement,
répondit d'une si singulière manière, que cet
écrit ne fut pas ostensible ; le directoire en
fut piqué, et montra son déplaisir à Pichegru
qui, loin de s'intimider, prit un ton qui lui
en imposa. En général, tous les gouvernants
le craignent, parce qu'il a tout Paris bons
ou mauvais pour partisans. Pichegru, pendant son séjour, s'est appliqué à connaître
à fond l'esprit public ; il y est parvenu, mais
il avoue qu'il ne s'attendait pas à le trouver si
erroné : généralement tout ce qui n'est pas
Jacobin demande le gouvernement d'un seul :
les grosses têtes mêmes et le directoire en
voient le besoin et le desirent ; mais on est
bien divisé sur le choix à faire : la très-grande
pluralité (ce qui étonne Pichegru) est pour
d'Orléans ; Carnot du directoire même, en est
le plus zélé partisan. La mère d'Orléans qui
est à Paris, et que Pichegru a refusé de voir,
a l'air de s'y refuser, disant que son fils serait
assassiné le lendemain de sa promotion ; enfin,
les gens sensés que Pichegru a vus en grand
nombre, conviènent tous qu'il y aurait une
guerre civile interminable, si d'Orléans ou le

Grand-Bourgeois (le Prétendant) étaient d'a-
bord installés ; elle ajoute aussi qu'il est plus
qu'évident pour elle , que le sang coulerait
plus fort que jamais, si ce dernier (le Prétendant) rentrait sans palliatifs et avec l'intention prononcée de se remettre comme il était.
Pichegru assure qu'il faut au Prétendant la
plus haute philosophie, pour ne pas heurter
les opinions d'un siècle erroné et perverti ;
que ce n'est que par le temps que tout peut
se rectifier ; qu'il faut sur-tout assurer et
pénétrer tout le monde d'un pardon général, sauf à sévir, s'il le faut, quand on sera
une fois solidement établi ; toutes ces consi-
dérations qui ne sont pas aussi favorables que
Pichegru s'y attendait, lui ont fait décidément
jeter son plan , qui, à son avis, et à celui
des plus zélés pour le Grand-Bourgeois (le
Prétendant) auquel il l'a communiqué, ne peut
être que le seul qui puisse donner tout l'avan-
tage qu'il y a à espérer pour le Grand-Bourgeois (le Prétendant), et déjouer les d'Orléans, qui font nécessairement couler un argent plus immense dans toutes les veines de
la grande Cité, argent qui, dit Pichegru, ne
peut être fourni que par un étranger, et qu'on
devrait tâcher sous main de rendre nul.

» Voici donc ce que Pichegru juge à propos
de faire : d'abord les Autrichiens doivent rom-
pre aussitôt la trève ; attendre les dix jours et
pas une minute de plus ; fondre dessus l'ennemi avec une impétuosité aveugle, et telle,
qu'elle produise aussitôt des succès marquants;
ne pas cesser de poursuivre ; mettre le Prétendant et les siens dans des positions telles
que, si même il était forcé d'agir, les nôtres
voyent évidemment qu'ils cherchent à ménager leurs compatriotes ; cela est nécessaire,
et battre, si possible, sur tous les points : le
résultat de cela sera sur de solides raisons de
probabilité qu'a Pichegru, qu'il sera rappelé à
la tête de son armée pour arrêter les progrès
de l'ennemi. Alors Pichegru demandera une
trève, et les Autrichiens l'accorderont en déclarant qu'ils sont intentionnés de ne traiter
qu'avec Pichegru seul. De cette combinai-
son, dit Pichegru, il résultera un coup de
théâtre imprévu, mais qui me paraît, d'après
l'assurance avec laquelle Pichegru me l'a dit,
calculé avec étendue chez une partie majeure
des gouvernants et du directoire même. Ce
coup de théâtre sera qu'on appèlera Pichegru
à la dictature : alors il est évident que toute concurrence de parti cesse. Les d'Orléans seront

joués, et Pichegru, environné d'une confiance illimitée fondée sur l'estime qu'on a de lui, proclamera l'ultimatum de la volonté.

» Il nous est aisé de concevoir que les intérets du Prétendant seront en très-bonnes mains, et Pichegru, sans doute bien fondé, croit le plan immanquable ; et comme on le voit, tout dépend maintenant des Autrichiens.

» Pichegru rejète comme absolument nuisibles aux grands intérèts, toutes tentatives partielles qui attireraient des forces énormes et terrassantes, qui n'entraîneraient que des torrents de sang et une scission indéfinie.

» Voilà ce que m'a dit Pichegru dans le premier entretien ; il m'en a promis un second dans peu. Ce sera alors sans doute son allégorie qui amplifiera ce que j'ai dit. Pichegru ne restera pas long-temps chez nous. Il ira chez lui pour voir ce qui s'y passe : je lui ai promis de lui donner les noms de ceux du Jura auxquels il peut sûrement s'adresser. Je le puis ; mais pour être plus sûr de mon fait, il serait prudent que le Bourgeois (le Prétendant) m'en transmette aussi au plutôt. Je tâcherai que Pichegru me donne de ses nouvelles de là ; à cet effet je lui proposerai le chiffre en musique, et il enverra ses nouvelles par un agent particulier.

» Pichegru se plaint d'indiscrétion. Le directoire lui a dit que le nommé Bassal, qui était à Bâle, l'avait dénoncé pour être en intelligence avec Condé, et qu'il en avait les pièces probantes en main.

» A Châlons, on lui a tenu d'autres propos. Pichegru ne se loue pas de la discrétion des émigrés. Il trouve aussi que notre manière d'écrire en blanc est très-mauvaise étant très-connue : il m'a conseillé le chiffre.

» Présentez au Grand-Bourgeois (le Prétendant) les sentiments de zèle et de dévouement qui vous sont connus.

» La troupe file vers le Bas-Rhin. La vingt-cinquième demi-brigade, venant de Huningue, passa par ici.

» Que pas un mot de ceci ne transpire des cabinets émigré et autrichien.

» Je n'écris pas directement au premier (Condé), à cause du chiffre que je mets sous le blanc, etc.

» Nous remarquons que la force majeure des nôtres sera à Sambre-et-Meuse, mais attaquez partout. Le général Moreau, que Pichegru dit n'être pas tout à fait de son genre, est allé hier à Trèves pour se concerter avec Jourdan,

que Pichegru dit être fort douteux. Le bruit
court que nous avons levé la trève. Je le voudrais. J'ai oublié de dire que Pichegru m'a assuré
qu'il n'a pas encore accepté l'ambassade, etc.

» Pichegru trouve que la mort de Charette
et nos succès en Italie font du mal et enflent
nos drôles. »

Cette lettre, arrivée dans la nuit du 3 au
4 floréal, est à l'instant copiée et envoyée à
Wickham et au Prétendant qui était au camp
du ci-devant prince de Condé.

Le commandement avait été confié à Moreau. Cependant, au nom du prétendant,
on presse de nouveau Pichegru de livrer
Strasbourg.

Sa réponse, qu'on trouve dans la cent qua-
tre-vingt-dix-septième lettre, est que l'influence qu'il a sur les meneurs et sur le directoire, n'est pas de nature à pouvoir oser les
porter à abandonner Strasbourg au Prétendant ;
qu'une ouverture de ce genre lui ôterait évidemment et sans succès la confiance qu'on a
en lui, et dont, d'après le plan qu'il a transmis, il ne peut se servir efficacement que
lorsqu'il aura le pouvoir en main ;

» Que Strasbourg n'est qu'un faible acces-
soire au résultat qu'il médite ; que d'ailleurs

si les Autrichiens poussent vigoureusement et coupent l'armée de manière que Strasbourg reste isolé, il pourra être emporté par la présence seule du Prétendant, et par une suite naturelle des opérations, vu que cette place est dépourvue de tout;

» Qu'à mesure que les succès des Autrichiens seront marquants, il est probable que les individus portés pour le Prétendant, et disséminés maintenant dans Strasbourg, se lieront et formeront un noyau, dont on usera de toutes ses forces pour remplir les vœux du Prétendant, etc. »

Comme la présence de Pichegru à Strasbourg pouvait fortifier les soupçons et nuire aux opérations qu'il avait conseillées, il passe dans le Jura, avec l'intention de tout y disposer pour que Strasbourg en soit au besoin secondé.

Il témoigne le desir de recevoir des fonds. Sur-le-champ on s'adresse à Wickham pour qu'ils soient faits d'une manière ou d'une autre. La deux cent vingt-deuxième lettre s'explique nettement sur ce point.

Le premier prairial, les généraux autrichiens, en exécution de son plan, font déclarer la cessation de l'armistice.

Il se rend à Besançon pour mieux observer les événements.

Tous ses efforts et tout l'or répandu par Wickham ne purent empêcher l'armée du Rhin d'être triomphante jusqu'au commencement de l'an V.

Il avait renoncé à l'ambassade. Au moment de la retraite de l'armée sur le Rhin, il se trouvait encore à portée pour trahir.

Toute la correspondance l'établit.

La pièce numérotée 272, annonce que Wickham a fait passer une lettre et de l'argent à Pichegru;

Que Pichegru, qui doit aller à Paris, est *pleinement cavé pour les grands coups.*

Pichegru désespérant de recouvrer le commandement de l'armée du Rhin, avait formé le projet de tâcher de s'assurer un autre pouvoir à Paris.

C'est dans cette intention qu'il s'était fait nommer membre du corps législatif.

On sait quel rôle il y joua, combien il fut fidèle à la cause du Prétendant.

On connaît ceux qui étaient arrivés avec les mêmes dispositions.

Personne n'ignore combien ils ont trompé

d'hommes vertueux , et combien ils eussent fait de victimes, si leurs projets eussent été entièrement exécutés.

La journée du dix-huit fructidor sauva la France ; mais malheureusement elle fit verser bien des larmes à l'innocence : et les actes qui la suivirent ne furent pas assez réfléchis.

Plus de quatre mois avant cette journée, Moreau avait dans ses mains les preuves de la trahison de Pichegru , et il avait gardé le silence.

Il l'avait gardé, lorsqu'il voyait l'influence dangereuse que Pichegru exerçait sur le corps législatif.

Instruit par le télégraphe, dans la matinée du 18, des mesures prises par le directoire, et des noms des principaux accusés, il écrivit la lettre suivante :

Au quartier général à Strasbourg , le 19 fructidor an 5.

Le général en chef, au citoyen Barthelemy , membre du directoire exécutif.

Citoyen Directeur ,

« Vous vous rappelez sûrement qu'à mon dernier voyage à Bâle, je vous instruisis qu'au passage du Rhin, nous prîmes un fourgon au général Klinglin, contenant deux ou trois cents lettres de sa correspondance. Celles de Vitter-back en faisaient partie ; mais c'étaient les moins conséquentes : beaucoup de ces lettres sont en chiffres, mais nous l'avons trouvé : l'on s'occupe à tout déchiffrer, ce qui est très-long.

» Personne n'y porte son vrai nom; de sorte que beaucoup de Français qui correspon-daient avec Klinglin, Condé, Wickham, d'En-ghien et autres, sont difficiles à découvrir. Cependant, nous avons de telles indications, que plusieurs sont déjà connus.

» J'étais décidé à ne donner aucune publi-cité à cette correspondance, puisque la paix étant présumable, il n'y avait plus de danger pour la république, d'autant que tout cela ne ferait preuve que contre peu de monde, puisque personne n'était nommé.

» *Mais, voyant à la tête des partis qui font actuellement tant de mal à notre pays, et jouissant, dans une place éminente, de la plus grande confiance, un homme très-compromis dans cette correspondance, et destiné à jouer un grand rôle dans le rappel du Prétendant qu'elle avait pour but, j'ai cru devoir vous*

en instruire pour que vous ne soyiez pas dupe
de son feint républicanisme, que vous puis-
siez faire éclairer ses démarches et vous op-
poser aux coups funestes qu'il peut porter
à notre pays, puisque la guerre civile ne peut
qu'être le but de ses projets.

» Je vous avoue, citoyen directeur, qu'il
m'en coûte infiniment de vous instruire d'une
telle trahison, d'autant que celui que je vous
fais connaître a été mon ami, et le serait sûrement encore, s'il ne m'était connu.

» Je veux parler du *représentant Pichegru*.
Il a été *assez prudent pour ne rien écrire*;
il ne communiquait que verbalement avec
ceux qui étaient chargés de la correspondance,
qui faisaient part de ses projets, et recevaient
les réponses. Il est désigné sous plusieurs noms,
entr'autres celui de *Baptiste*. Un chef de brigade, nommé B. qui lui était attaché, et désigné sous le nom de *Coco*, était un des couriers dont il se servait, ainsi que les autres
correspondants. Vous devez l'avoir vu assez
fréquemment à Bâle.

Leur grand mouvement devait s'opérer au
commencement de la campagne de l'an 4.
On comptait sur des revers à mon arrivée à
l'armée qui, mécontente d'être battue, de-

vait redemander son ancien chef, qui alors aurait agi d'après les instructions qu'il aurait reçues.

» Il a dû recevoir 900 louis pour le voyage *qu'il fit à Paris, à l'époque de sa démission : de là vint naturellement son refus de l'ambassade de Suède : je soupçonne la famille Lajolais d'être dans cette intrigue.*

» Il n'y a que la grande confiance que j'ai en votre patriotisme et en votre sagesse, qui m'a déterminé à vous donner cet avis : *Les preuves en sont plus claires que le jour, mais je doute qu'elles puissent être judiciaires.*

» Je vous prie, citoyen directeur, de vouloir bien m'éclairer de vos avis sur une affaire aussi épineuse. Vous me connaissez assez, pour croire combien a dû me coûter cette confidence : il n'en a pas moins fallu, que *les dangers que courait mon pays pour vous la faire.* Ce secret est entre cinq personnes : les généraux Desaix, Reignier, un de mes aides-de-camp, et un officier chargé de la partie secrète de l'armée, qui suit continuellement les renseignements que donnent les lettres qu'on déchiffre.

» Recevez l'assurance de mon estime distinguée et de mon inviolable attachement. ».

Cette lettre fut croisée par une du Directoire , qui appelait Moreau à Paris.

Voici sa réponse :

Au quartier-général, à . . . . .
le 24 fructidor an 5.

Le Général en chef , au Directoire exécutif.

Citoyens Directeurs ,

« Je n'ai reçu que le 22 , très tard , et à dix
lieues de Strasbourg , votre ordre de me rendre
à Paris.

» Il m'a fallu quelques heures pour préparer
mon départ, assurer la tranquillité de l'armée,
et faire arrêter quelques hommes compromis
dans une correspondance intéressante , que je
vous remettrai moi-même.

» Je vous envoie ci-joint, une proclamation
que j'ai faite , et dont l'effet a été de convertir
beaucoup d'incrédules , *et je vous avoue qu'il
était difficile de croire que l'homme qui avait
rendu de grands services à son pays , et qui
n'avait nul intérêt à le trahir , pût se porter
à une telle infamie.*

» On me croyait l'ami de Pichegru , et dès
long-temps je ne l'estime plus. Vous verrez

que personne n'a été plus compromis que moi ;
que tous les projets étaient fondés sur les revers de l'armée que je commandais : son cou-
rage a sauvé la République.

Salut et respect,

Suit la proclamation :

Au quartier-général de Strasbourg ,
le 23 fructidor an 5.

Le Général en chef, à l'armée du Rhin et Moselle.

« Je reçois à l'instant la proclamation du
Directoire exécutif du 18 de ce mois , qui
apprend à la France que Pichegru s'est rendu
indigne de la confiance qu'il a long-temps
inspirée à toute la République , et sur-tout aux
armées.

» On m'a également instruit que plusieurs
militaires , trop confiants dans le patriotisme
de ce représentant , d'après les services qu'il
a rendus , doutaient de cette assertion.

» Je dois , à mes frères d'armes , à mes con-
citoyens , de les instruire de la vérité.

» Il n'est que *trop vrai*, *que Pichegru a trahi la confiance de la France entière.*

» J'ai instruit un des membres du Directoire, le 17 de ce mois, qu'il m'était tombé entre les mains, une correspondance avec Condé, et d'autres agents du Prétendant, qui ne me laissait aucun doute sur cette trahison.

» Le Directoire vient de m'appeler à Paris, et désire sûrement des renseignements plus étendus sur cette correspondance.

» Soldats, soyez calmes et sans inquiétudes sur les événements de l'intérieur : croyez que le Gouvernement, en comprimant les royalistes, veillera au maintien de la Constitution républicaine que vous avez juré de défendre. »

Le gouvernement se crut autorisé, en lisant la lettre de Moreau, à l'accuser au moins de trop d'indulgence pour les complots de Pichegru.

Moreau s'en était fait lui-même des reproches, puisqu'il eut l'attention dans sa lettre au directoire de supposer du 17 celle qu'il avait adressée au cit. Barthélemy.

Deux lettres de ce général prouvent qu'il savait bien quelle était l'opinion que le directoire avait dû se former de sa conduite.

3

La première, au ministre de la police, en date
du 10 vendémiaire an 6 , est ainsi conçue :

Citoyen ministre ,

« En vous remettant les papiers du général
Klinglin , chargé de la correspondance secrète
de l'armée ennemie , je vous dois quelques
détails sur la manière dont ils ont été saisis et
sur ma lettre au cit. Barthélemy, que plusieurs
personnes ont prétendu écrite après que j'ai
eu connaissance des événements du 18 fructidor , et de cette supposition chaque parti a
tiré l'induction qu'il lui croyait favorable. J'y
répondrai par des faits de la vérité desquels
personne ne pourra douter.

« Le 2 floréal , l'armée que je commandais
s'empara d'Offembourg environ trois heures
après midi.

» Je suivis de très-près les hussards qui y
entrèrent les premiers , et j'y trouvai les four-
gons de la chancellerie, de la poste, et d'une
partie de l'armée ennemie , et les équipages de
plusieurs officiers généraux , entr'autres ceux
du général Klinglin dont nos soldats se parta-
geaient les dépouilles.

« Je donnai l'ordre de recueillir avec soin

tous les papiers qu'on trouverait. On en chargea un fourgon qui fut conduit le lendemain à
Strasbourg sous l'escorte d'un officier.

« Ce ne fut qu'après la ratification des préli-
minaires de la paix, et quand les cantonnements des troupes furent définitivement réglés
avec l'ennemi , qu'on put s'occuper de la vérification des papiers. Ils étaient en très-grande
quantité, et dans un désordre inséparable de la
manière dont on s'en était emparé.

» Je chargeai de ce travail un officier d'état-
major, et personne n'est plus à portée que
vous de juger du temps qu'il a fallu pour le
triage , saisir les indications que le déguisement des noms rendait très-difficiles , découvrir le chiffre et déchiffrer toutes les lettres :
ce dernier objet n'est pas encore achevé.

« Le 17, je chargeai un courier de retour, de
ma lettre du même jour au cit. Barthélemy ;
ce courier partit de Strasbourg le 18 fructidor
au matin. Les événements du 18 n'ont été connus dans cette ville que le 22. Il était assez naturel que je m'adressasse à ce directeur , lui
ayant déja parlé de cette correspondance quelques jours avant son départ de Bâle , et ayant
eu des relations fréquentes avec lui ou sa lé-
gation sur le même objet.

3.

« Je n'ai dû lui parler positivement de ceux
qu'inculpait la correspondance du général
Klinglin, qu'après en avoir acquis la preuve
évidente; mais je ne pouvais plus m'en dispenser , puisqu'il y avait du danger pour mon
pays et qu'il était indispensable de débarrasser
l'armée d'une foule d'espions qui instruisaient
journellement l'ennemi de la force et des mouvements de l'armée. Vous vous en convaincrez
par la situation des troupes, et de nos magasins,
que vous trouverez dans ces papiers.

« Salut et fraternité. »

Suit la teneur de la seconde , en date du 27
vendémiaire an 7.

Citoyens directeurs ,

« Le ministre de la guerre m'a prévenu of-
ficiellement que vous m'avez nommé à l'ins-
pection générale de l'infanterie de l'armée
d'Italie ; ce témoignage de votre confiance
me fait croire que les préventions que vous
avez pu avoir contre moi sont effacées, et j'ose
espérer que les calomnies aussi ridicules
qu'inconsidérées , répandues dans quelques

journaux contre ma nomination ne feront sur
vous nulle impression défavorable.

« Si *j'avais resté sans activité de service*,
j'aurais continué à garder le plus profond silence , mais chargé d'une fonction importante
où la confiance est indispensable, je vous dois,
citoyens directeurs , quelques détails sur ma
conduite aux armées que j'ai commandées. Ils
serviront de réponse aux criailleries des hommes dangereux qui ne veulent pas de gouvernement et m'accusent d'être le partisan de Pichegru , parce que je ne l'avais pas dénoncé, tandis que les déclamations des royalistes me
reprochent d'avoir été le dénonciateur de
celui qu'ils appèlent mon instituteur et mon
ami.

« Je n'ai jamais été l'élève de Pichegru ;
j'étais général de division , et j'avais sous mes
ordres vingt-cinq mille hommes de l'armée du
nord , lorsqu'il est venu en prendre le commandement pour la campagne de l'an deux.
J'ai servi environ huit mois sous ses ordres. Je
l'ai remplacé pendant une maladie d'environ
trois mois , et je lui ai succédé aux armées du
nord et de Rhin et Mozelle , pour les campagnes des années 3 , 4 et 5. J'ai exécuté ses
ordres , quand il a dû m'en donner, mais je

n'ai jamais reçu de ses leçons. *Nous avons été amis , pendant que nous avons défendu la même cause , et nous avons cessé de l'être, quand j'ai eu la preuve qu'il était l'ennemi de la République française.*

» On ne me fera sûrement aucun reproche de ne pas avoir envoyé au gouvernement l'énorme quantité de papiers de l'état-major ennemi, qui furent pris à Offembourg. Je chargeai quelques officiers d'en faire le triage. La correspondance de Klinglin en faisait partie; mais il fallait un long espace de temps avant qu'on pût y découvrir quelque chose de précis. Presque tout était en chiffre, et sous des noms empruntés. Il ne s'y trouva sous les vrais noms que quelques bateliers du Rhin, qui furent seulement remis sous la surveillance de leur municipalité, pour ne pas effaroucher ceux qui n'étaient pas connus. On en obtint , par promesses et craintes du châtiment, quelques renseignements qui augmentèrent les découvertes.

» Quand le chiffre fut découvert, et qu'on eut rassemblé quelques autres renseignements, *il n'y eut plus de doute de la part qu'y prenaient Pichegru et autres.*

» *Je balançai quelque temps entre l'envoi*

*des pièces au gouvernement, ou seulement de
le prévenir de leur existence. S'il s'était agi
d'une conspiration contre le sort de l'état, il
n'y avait pas à balancer ; mais il n'était ici
question que d'un espionnage qui ne traitait
que de la situation et des mouvements de l'armée du Rhin. C'était à l'armée seule qu'on
pouvait compléter les preuves, découvrir les
coupables , et qu'ils devaient recevoir leur
châtiment.*

» Dans le courant de la guerre , on a arrêté,
jugé et puni plusieurs centaines d'espions, sans
que le gouvernement en ait jamais entendu parler. Je me bornai donc , à cause de la qualité
de représentant d'un des prévenus , et sur-tout
pour l'influence qu'il paraissait avoir, à en
écrire à un membre du gouvernement , persuadé que les conseils qu'il me donnerait seraient le résultat de l'opinion de ses collègues.

» Si ma lettre ne fut écrite que le 17 fructidor an 5, et si je n'y annonçai alors que des
preuves insuffisantes pour une instruction judi-
ciaire, c'est que le déchiffrement était très-peu
avancé , puisqu'il a fallu dans les bureaux du
ministère de la police , après un travail conti-
nuel, plus d'un an pour le compléter.

» Quoique je connûsse très-peu Barthélemy,

ne l'ayant vu que deux fois, il était naturel que je m'adressasse à lui, puisqu'il connaissait une partie de cette correspondance.

» On m'a reproché ensuite que l'armée de Rhin et Moselle n'a point fait d'adresse sur les événements antérieurs au 18 fructidor.

» Quoiqu'aucune des armées de la république n'avait pas plus de droit qu'elle de se plaindre des entraves qu'éprouvait la marche du gouvernement, il n'en était pas dont la situation exigeât de la part du chef une conduite plus circonspecte et plus prudente. Il lui était dû plus de quatre mois de solde. L'habillement était dans un dénuement affreux. Elle recevait à peine la moitié des subsistances qui lui appartenaient. La plupart de ses cantonnements en France ne lui procuraient pas pour vivre les ressources du pays conquis.

» On devait craindre avec raison qu'en faisant naître aux soldats l'idée d'une demande collective sur un objet quelconque, il ne devînt très-difficile, pour ne pas dire impossible, d'arrêter le torrent des réclamations qu'ils se seraient crus en droit de faire. Il fallait les disséminer pour assurer leur subsistance et empêcher les insurrections. Il n'y avait de troupes rassemblées que dans les garnisons ; aussi celles d'Huningue, Brissac, Strasbourg et Landau, s'insurgèrent-elles quelquefois ; mais le patriotisme bien éprouvé de l'armée rendit ces mouvements peu dangereux. Pour les faire cesser, il suffisait de faire comprendre aux soldats les périls auxquels leur insubordination exposait la république.

» Quant à moi, peu au courant de la situation de Paris, où je n'avais aucune correspondance suivie, et ne connaissant les événements que par les feuilles publiques, voie toujours peu sûre dans les moments de trouble, je ne m'occupais que du soin d'améliorer le sort des troupes que vous m'aviez confiées. Un officier supérieur, envoyé à l'armée pour connaître les motifs de son silence, vous confirma ces détails, et vous assura de mon dévouement à la république.

« Je pourrais me dispenser de répondre à quelques imputations calomnieuses dirigées contre ma nomination par un journal signé de trois représentants ; mais peu de mots suffiront pour vous convaincre de la fausseté des faits qu'il avance.

» Très-peu d'officiers-généraux de l'armée avaient des moyens de paraître toujours dans une tenue riche et recherchée. Aucun sur-tout n'eût été assez imprudent pour afficher le moindre luxe devant des soldats dans la misère la plus affreuse; mais je puis vous assurer, citoyens directeurs, que tous, et je m'y comprends, ont paru toujours à l'armée en habit militaire et tenue simple à la vérité, mais décente. On n'en vit jamais porter la livrée d'aucun parti, etc. »

Cette lettre, au lieu d'être de nature à dissiper les soupçons contre lui, devait au contraire les fortifier.

Le devoir de Moreau, général de l'armée du Rhin, était d'instruire le Gouvernement, sans aucun retard.

S'il l'eût fait, que de maux il eût évités!

Ce n'est pas encore le moment de s'occuper des motifs de son silence.

Pichegru, déporté par le directoire, trouve le moyen de s'évader de Cayenne, et porte en Angleterre ses sentiments de haine et de vengeance.

Il y est accueilli par le ministère anglais, par les ci-devant princes français, et par leurs agents principaux.

Il ne s'y occupe que des moyens de mettre la France en combustion.

Des pièces d'une correspondance d'Angle-

terre à Paris, et de Paris en Angleterre, saisies au mois de floréal an huit, confiées aux
citoyens Chaptal, Emery et Champagny, pour
les examiner, le présentent comme écrivant,
agissant, et devant jouer un des principaux
rôles dans l'exécution des projets de contre-
révolution.

C'est à lui qu'il est réservé de commander
l'armée royale.

L'analyse imprimée, faite par ces trois con-
seillers-d'état, ne peut laisser aucun doute.

Sa conduite prouve que la journée du trois
nivôse, au lieu d'affaiblir au moins sa résolution,
ne lui laissait que le regret d'avoir vu échouer
le projet infernal des assassins à la solde de
l'Angleterre.

On le vit, peu de temps après, conspirant
avec le comité de Bareuth, dont les pièces saisies ont aussi été imprimées.

De retour en Angleterre, on le trouve avec
ceux des chefs de la conspiration du trois nivôse, qui avaient échappé au glaive de la loi.

En signant le traité d'Amiens, l'Angleterre
n'avait pas renoncé à ses projets.

Les violations les plus marquées en sont
une preuve frappante.

Pichegru connaissait la pensée du gouvernement britannique, et celle des ci-devant princes
français.

Un nouveau plan arrêté lui avait été confié.

On ne s'était point dissimulé qu'il était impossible de l'exécuter, sans avoir à sa disposition un général français, qui eût long-temps
commandé, et qui jouît de l'estime des armées.
Il connaissait mieux que personne le caractère
du général Moreau : il jète les yeux sur lui.

Il sait que David, son ami, qui possède
éminemment l'art de l'intrigue, est à Paris ; il
le fait instruire du projet, et de la nécessité
d'intéresser Moreau à son exécution.

L'honneur semblait défendre à jamais toute
relation entre ces deux généraux. David, qui
voit toute l'importance de la réunion et de l'accord, trouve bientôt des prétextes pour écrire
et parler, et une réconciliation s'opère.

Vers la fin de brumaire an onze, cet intermédiaire, dont on avait observé les démarches,
est arrêté à Calais, au moment où il allait assurer de plus en plus Pichegru des dispositions
de Moreau.

Les pièces qui constatent un raccommode-
ment aussi étrange, sont saisies.

Le général Moreau est instruit par une lettre

que cet intermédiaire lui écrit, le 4 frimaire, des prisons de Calais. Il paraît agité, il voudrait faire des démarches ; la politique l'arrête.

Le Gouvernement a les yeux fixés sur Moreau, qui se tait. Il attribue ce silence à l'humiliation d'un aveu, et ne voit, dans la plupart de ses discours indiscrets, que de l'humeur, et un vain mécontentement.

Le moindre rapport avec Pichegru, conspirant ouvertement contre son pays, depuis près de dix ans, suffisait, sans doute, pour le faire arrêter. On le laisse tranquillement jouir des honneurs attachés à son grade, d'une fortune immense, et des bienfaits de la République.

Des déclarations très-précises étaient déjà recueillies ; des brigands soldés par l'Angleterre, partis pour assassiner le premier Consul, avaient été signalés et arrêtés, lorsqu'un nouveau confident est envoyé de Londres, à ce général, par Pichegru : c'est l'ex-général Lajolais.

Ce confident arrive à Paris, lui rend compte des dernières résolutions du gouvernement britannique et des ci-devant princes français, et lui fait connaître les desseins positifs de Pichegru et de ses associés.

Sa réponse ne laisse aucun doute sur sa détermination ; Lajolais la reporte à Londres.

La prompte exécution du plan est arrêtée.

Bientôt trois lignes sont marquées pour le passage des conjurés qui doivent venir d'Angleterre en France, et se rendre à Paris pour la contre-révolution.

Ces trois lignes partent de la falaise de Béville, au pied de laquelle, loin de toute inquiétude et de toute surveillance, les conjurés, transportés par des vaisseaux de guerre anglais, doivent débarquer sans être apperçus, et trouver des hommes corrompus pour les recevoir.

Tout est disposé pour qu'on les accueille dans des stations convenues, et pour que des guides sûrs les conduisent progressivement jusqu'à Paris, où des repaires sont préparés.

Des émissaires tâchent de disposer à un soulèvement dans les départements de l'Ouest.

Des assassins s'en détachent pour s'unir aux conjurés qui doivent se rendre à Paris.

Un premier débarquement s'opère, le 21 août, à l'aide d'un cutter anglais, capitaine Thomas Right.

Georges Cadoudal et Joyaut sont à la tête.

Un second débarquement s'exécute, du 10

au 20 décembre, à l'aide d'un vaisseau anglais de la marine royale, même capitaine.

Coster-Saint-Victor en fait partie.

Le 16 janvier, un troisième débarquement
a lieu, toujours au pied de la falaise de Béville, à l'aide du cutter anglais qui avait
facilité le premier, et sous la conduite du
même capitaine.

Pichegru et Lajolais étaient du nombre des
conjurés que l'Angleterre faisait jeter sur les
côtes de France.

Georges Cadoudal, Raoul – Gaillard et
Joyaut allèrent au-devant.

Un quatrième débarquement devait avoir
lieu ; des révélations en avaient instruit.

Le ci-devant comte d'Artois, et des personnes à la présence desquelles les conjurés
attachaient une haute importance, devaient
en faire partie ; des mesures avaient été prises
pour que rien n'échappât. Les vaisseaux furent
réellement en vue ; les signaux de reconnaissance furent donnés, mais des vents contraires empêchèrent d'approcher.

Déjà la police avait fait arrêter plusieurs des
conjurés.

Des interrogatoires, résultaient les preuves que le Gouvernement britannique voulait le renversement du Gouvernement français, et pour y parvenir, l'assassinat du premier Consul ;

Qu'il avait fourni les poignards, les armes, la poudre, l'or, et tout ce qui pouvait être nécessaire pour livrer la France à des siècles de guerre civile.

Le grand-juge, ministre de la justice, fait son rapport au gouvernement.

La communication officielle en est faite au sénat, au corps législatif et au tribunat.

Une indignation universelle se manifeste.

Le sénat, après avoir pésé dans sa sagesse les circonstances et l'intérêt national, rend le 8 ventôse, un sénatus-consulte, ainsi conçu:

Art. I. Les fonctions de jury seront suspendues pendant le cours de l'an douze et de l'an treize, dans tous les départements de la République, pour le jugement des crimes de trahison, d'attentat contre la personne du premier Consul, et autres contre la sûreté intérieure et extérieure de la République.

II. Les tribunaux criminels seront, à cet effet, organisés conformément aux disposi-

tions de la loi du vingt-trois floréal an dix ,
sans préjudice du pourvoi en cassation.

III. Le présent sénatus-consulte sera transmis par un message , au gouvernement de
la république.

Le lendemain , une loi est rendue contre
les receleurs des conjurés.

Elle porte :

ART. I. Le recellement de Georges et des
soixante brigands actuellement cachés dans
Paris ou les environs , soudoyés par l'Angleterre pour attenter à la vie du premier Consul , et à la sûreté de la République, sera
jugé et puni comme le crime principal.

II. Sont recéleurs , ceux qui, à dater de la
publication de la présente loi , auront sciem-
ment reçu , retiré ou gardé l'un ou plusieurs des individus mentionnés en l'article
précédent, à moins qu'ils n'en fassent la
déclaration à la police , dans le délai de vingt-
quatre heures , à compter du moment où ils les
auront reçus, soit que les individus logent encore chez eux, soit qu'ils ne s'y trouvent plus.

III. Ceux qui avant la publication de la
présente , auront reçu Pichegru ou les autres
individus ci-dessus mentionnés , seront tenus
d'en faire la déclaration à la police dans le

4

délai de 8 jours. Faute de déclaration, ils seront punis de 6 ans de fers.

IV. Ceux qui feront la déclaration dans le susdit délai, ne pourront être poursuivis, ni pour le fait de récellement, ni même pour *infraction aux lois* de police.

La publication de cette loi produisit l'effet qu'on devait en attendre.

La crainte saisit en même temps, et les conjurés, et presque tous ceux qui les recélaient.

On avait les signalements; on arrêta des conjurés dans les rues. Ceux qui furent obligés de changer de retraite, furent suivis et saisis.

Des démarches indiscrètes et des révélations firent pénétrer dans des repaires qui n'avaient point été abandonnés.

Les ordres de la police, transmis dans toute la France, et l'envoi de la loi, déterminèrent partout la même surveillance et la même activité.

Pendant qu'on continuait les recherches, le grand juge, ministre de la justice, écrit le 15 ventôse la lettre suivante au commissaire du Gouvernement, accusateur public:

Je vous adresse, citoyen commissaire, les pièces relatives à la conspiration tramée contre la vie du premier Consul, et contre la sûreté intérieure et extérieure de l'Etat. Je vous charge d'en poursuivre les auteurs et complices, conformément au sénatus-consulte du 8 ventôse présent mois , et de mettre dans ces poursuites, la plus grande activité.

Les pièces sont immédiatement déposées au greffe du tribunal ;

Le 16 , un juge est nommé pour procéder à l'instruction ;

Elle a reçu son complément.

Le commissaire du gouvernement va établir :

1°. Que la conspiration est constante :

2°. Que le gouvernement anglais en est l'ame.

3°. Que tous les individus écroués , en vertu de mandats d'arrêts , délivrés sur son réquisitoire , sont auteurs ou complices de cette conspiration, ou coupables d'infraction à la loi du 9 ventôse.

PREMIER POINT.

La conspiration est constante.

Les preuves de son existence sont si claires, qu'il est impossible qu'elles ne portent pas la conviction dans tous les esprits.

4.

Le commissaire du Gouvernement croit devoir mettre d'abord sous les yeux de la justice, celles qui émanent des déclarations mêmes des individus qu'il accuse.

Georges Cadoudal , commandant en chef des chouans , et dont la présence seule à Paris est une preuve de la conspiration, a dit, le dix-huit ventôse dernier, dans un interrogatoire qu'il a subi devant le juge instructeur:

« Qu'il était venu à Paris dans l'intention d'attaquer le premier Consul;

» Que son attaque devait être de vive force;

» Qu'il y avait à Paris une réunion de forces à sa disposition ;

» Que son projet et celui des conjurés , étaient de mettre un Bourbon à la place du premier Consul;

» Que ce Bourbon était le Prétendant, reconnu par lui et ses adhérents, pour Louis XVIII;

» Qu'un ci-devant prince devait se trouver à Paris;

» Que lors de l'attaque , il aurait joué le rôle que ce prince lui aurait assigné;

» Que le plan avait été conçu et devait être

exécuté d'accord avec les ci-devant princes
français ;

» Qu'il avait depuis long-temps les fonds à
sa disposition ;

» Qu'il devait attaquer le premier Consul
avec des armes pareilles à celles de son escorte
et de sa garde ».

Georges Cadoudal avait sans doute encore
d'autres aveux à faire ; mais sa déclaration peut-
elle laisser des doutes sur la conspiration ?

Rusillion , ex-militaire suisse , a déclaré
le 15 ventôse dernier à la préfecture de police,
« que c'était Pichegru qui l'avait déterminé à
venir de Londres avec lui, et qu'à son regret il
s'était réuni pour opérer le renversement du
Gouvernement ;

» Qu'il avait tout lieu de croire que c'était
avec le ci-devant comte d'Artois , que Pichegru
avait préparé tous ses moyens ».

Il a parlé de Moreau et de Georges, comme
lui ayant été indiqués pour chefs de la conspiration avec Pichegru.

Il a dit que Lajolais, en arrivant à Londres,
avait assuré que Moreau , mécontent du Gouvernement du premier Consul , desirait et
voulait aider de tout son pouvoir, à le renverser.

Que depuis son arrivée en France, Pichegru et Georges avaient vu Moreau à Paris.

Il a assuré le 23, « qu'il avait entendu Polignac (Armand), Polignac (Jules), avec un autre, dire : » Tout va mal, ils ne s'entendent pas ; Moreau ne tient pas parole : il a des vues particulières ; nous avons été trompés.

Il a ajouté « que, d'après tout ce qu'il avait entendu, il estimait que Moreau avait toujours été considéré comme l'homme sur lequel on devait principalement compter et sur lequel on comptait réellement.

» Qu'il semblait qu'il avait à sa disposition une force armée imposante, et beaucoup d'ascendant sur les autorités ».

Bouvet de Lozier, se qualifiant d'adjudant-général de l'armée royale, conduit à la tour du Temple, ne pouvant se dissimuler combien il était coupable, a cherché les moyens de se détruire. Arraché à la mort, un sentiment de retour l'a déterminé à faire au grand-juge, le 14 février dernier, la déclaration suivante :

« C'est un homme qui sort des portes du tombeau, et encore couvert des ombres de la mort, qui demande vengeance de ceux qui par leur perfidie, l'ont jeté, lui et son parti, dans l'abîme où il se trouve.

» Envoyé pour soutenir la cause des Bourbons, il se trouve obligé ou de combattre pour
Moreau ou de renoncer à une entreprise qui
était l'unique objet de sa mission.

» Je m'explique ;

» Monsieur devait passer en France pour se
mettre à la tête du parti royaliste. Moreau pro-
mettait de se réunir à la cause des Bourbons.

» Les royalistes rendus en France, Moreau
se rétracte, il leur propose de travailler pour
lui, et de le faire nommer dictateur.

» L'accusation que je porte contre lui n'est
appuyée peut-être que de demi-preuves. Voici
les faits, c'est à vous de les apprécier.

» Un général qui a servi sous les ordres de
Moreau, Lajolais, je crois, est envoyé par lui
aux princes à Londres : Pichegru était l'intermédiaire : Lajolais adhère au nom et de la
part de Moreau aux points principaux du plan
proposé ; le prince prépare son départ ; le
nombre des royalistes en France est augmenté ;
et dans les conférences qui ont lieu à Paris,
entre Moreau, Pichegru et Georges, le premier manifeste ses intentions, et déclare ne
pouvoir agir que pour un dictateur et non
pour un roi. De là l'hésitation, la dissension
et la perte presque totale du parti royaliste.

» Lajolais était auprès du prince au commencement de janvier de cette année, comme je l'ai appris par Georges. Mais ce que j'ai vu, c'est le 17 janvier, son arrivée à la Poterie, le lendemain de son débarquement avec Pichegru, par la voie de notre correspondance que vous ne connaissez que trop.

» J'ai vu encore le même Lajolais, le 25 ou le 26 janvier, lorsqu'il vint prendre Georges et Pichegru à la voiture où j'étais avec eux boulevard de la Madeleine, pour les conduire à Moreau, qui les attendait à quelques pas de là. Il y eut entre eux, aux Champs-Élisées une conférence qui déjà nous fit présager ce que Moreau proposa ouvertement dans la suivante, qu'il eut avec Pichegru seul ; savoir qu'il n'était pas possible de rétablir le roi ; et il proposa d'être mis à la tête du gouvernement, sous le titre de dictateur, ne laissant ainsi aux royalistes que la chance d'être ses collaborateurs et ses soldats.

» Je ne sais quel poids aura près de vous l'assertion d'un homme arraché depuis une heure à la mort, qu'il s'était donnée lui-même, et qui voit devant lui celle qu'un gouvernement offensé lui réserve ; mais je ne puis retenir le cri du désespoir, et ne pas attaquer l'homme qui m'y réduit.

» Au surplus, vous pourrez trouver des faits conformes à ce que j'avance, dans la suite de ce grand procès, où je suis impliqué ».

Dans un interrogatoire, en date du 30 pluviôse dernier, il a ajouté :

» Qu'il croyait que Moreau et Pichegru entretenaient des correspondances ; et que ce n'était que sur la certitude que Pichegru avait donnée aux princes que Moreau étayerait de tous ses moyens un mouvement en France, qu'on avait vaguement arrêté le plan suivant :

» Le rétablissement des Bourbons ; les conseils travaillés par Pichegru ; un mouvement dans Paris, soutenu de la présence du prince ; une attaque de vive force contre le premier consul ; la présentation du prince aux armées par Moreau, qui d'avance devait avoir préparé tous les esprits ».

Le 20 ventôse aussi dernier, après avoir persisté dans ses déclarations, s'expliquant sur l'attaque de vive force dont il avait parlé, il a dit que l'objet de cette attaque était de s'emparer du gouvernement.

Rochelle ne dissimulant plus qu'il appar-

tenait à la conspiration , a déclaré , le 25 du
même mois ,

« Qu'il était venu à Paris avec Lajolais ;

» Qu'on avait prétendu , à Londres , que
toutes les armées françaises étaient à la disposition de Moreau ;

» Que tout était arrangé pour mettre les
Bourbons sur le trône ;

» Que Bonaparte , lui-même , n'était pas
éloigné de cette idée ;

» Que c'était Lajolais qui avait fait ce rapport aux ci-devant comte d'Artois et duc de
Berry ;

» Que tout le monde avait été si enchanté ,
qu'on ne croyait plus éprouver de difficulté ,
et que si le roi d'Angleterre eût pu , il aurait
été du voyage ;

» Que Lajolais lui avait assuré plusieurs
fois , à Paris , que le général Moreau était
dans les meilleures dispositions pour l'exécution du plan.

Polignac (Armand) , dans un premier interrogatoire , s'était borné à dire que si Georges
et les siens étaient à Paris , d'après l'ordre
du prince , il n'y aurait rien eu d'entrepris
sans que le prince fût arrivé ; et qu'alors il

y aurait eu un engagement personnel et loyal entre le prince , *soutenu de ses partisans ,* et le premier consul.

» Qu'ayant vu souvent Pichegru à Londres avec le prince, il imaginait, d'après son retour à la famille des Bourbons , qu'il aurait été avec le prince ; mais que quant à Moreau , il ne le connaissait pas , et qu'il n'avait pas ouï dire qu'il se fût déclaré positivement ».

Il s'est expliqué d'une manière bien plus précise, le 22 ventôse dernier, devant le juge instructeur :

« Lorsque je suis parti cette dernière fois de Londres (a-t-il dit), je savais quels étaient les projets du comte d'Artois.

» Je lui étais trop attaché pour ne pas l'accompagner.

» Son plan était d'arriver en France , de faire proposer au premier consul d'abandonner les rênes du gouvernement , afin qu'il pût en saisir son frère.

» Si le premier consul eût rejeté cette proposition, le comte était décidé à engager une attaque de vive force, pour tâcher de reconquérir les droits qu'il regardait comme appartenants à sa famille.

« Lorsqu'il fut question d'un second dé-

barquement, le comte d'Artois me fit entendre qu'à raison de la confiance qu'il avait
en moi , et du zèle que j'avais toujours témoigné , il desirait que j'en fisse partie ; c'est
ce qui contribua aussi à me déterminer à passer sur le premier bâtiment.

» Je dois vous observer qu'au moment de
mon départ , j'ai hautement déclaré que si
tous les moyens d'exécution ne portaient pas
le cachet de la loyauté , je me retirerais et re-
passerais en Russie ».

Interpellé de déclarer s'il était à sa connaissance que Georges, Pichegru et Moreau
se fussent vus :

Il a répondu : « J'ai su qu'il y avait eu
une conférence très-sérieuse à Chaillot, maison n°. 6 , où logeait Georges Cadoudal, entre
ce dernier, le général Moreau et Pichegru,
ex-général.

On m'a assuré que Georges Cadoudal, après
différentes ouvertures et explications , avait
dit au général Moreau : Si vous voulez , je
vous laisserai avec Pichegru , et alors, vous
finirez peut-être par vous entendre ;

» Qu'enfin, le résultat n'avait laissé que des
incertitudes désagréables, attendu que Georges

Cadoudal et Pichegru paraissaient bien fidèles
à la cause du prince, mais que Moreau restait
indécis, et faisait soupçonner des idées d'intérêt particulier ».

Polignac (Jules), interpellé de déclarer
quelles étaient les instructions qui lui avaient
été données lorsqu'il était sorti d'Angleterre ?

A répondu: « qu'on ne lui en avait pas remis,
mais qu'il ne pouvait dissimuler qu'il avait
entendu transpirer quelque chose, par rapport au changement de gouvernement ».

Il est convenu que, deux ou trois mois avant
son départ, le ci-devant comte d'Artois lui avait
parlé de quelques changements qui devaient
arriver dans le gouvernement de France.

Il a soutenu qu'il ne lui avait donné aucun
détail sur ces changements, ni sur les motifs qui pouvaient les amener.

Il est convenu qu'il avait vu Georges à Paris,
du côté de Sainte-Pélagie.

Il a dit qu'ils avaient parlé ensemble de la
manière dont on pouvait rappeler le roi.

» Qu'il lui avait demandé quelle était leur
position, et qu'il lui avait repondu qu'elle
était toujours bonne.

» Que lui paraissant, ainsi qu'à son frère,

que ce qu'on voulait faire n'était pas aussi
noble qu'ils devaient naturellement l'espérer, ils avaient parlé de se retirer en Hollande.

» Invité à expliquer le motif de ses craintes,

» Il a répondu, qu'il soupçonnait qu'au lieu
de remplir une mission quelconque relative
à un changement de gouvernement, il était
question d'agir contre un seul individu, et
que c'était le premier consul que le parti de
Georges se proposait d'attaquer.

Il a ajouté que Pichegru lui avait dit, que
Moreau ne travaillerait pas pour les Bourbons;
qu'on ne pouvait le deviner.

Charles d'Hozier a dit, le 21 germinal, qu'il
avait bien entendu, dans une conversation tenue chez Georges à Chaillot, ou rue Carême-
Prenant, en présence de Villeneuve, St. Hilaire
et autres; qu'on pourrait tenter un changement
de gouvernement.

Le Mercier est convenu, qu'il savait que
le complot avait pour objet de renverser le
gouvernement actuel, et de mettre Louis Dix-
huit sur le trône.

Le confident intime du ci-devant Comte
d'Artois, l'ex-marquis de Rivière, a déclaré,
le 16 ventôse dernier,

» Qu'il était venu à Paris pour s'assurer de l'état des choses, et de la situation politique de l'intérieur de la république, afin d'en faire part aux princes, qui auraient jugé d'après ses observations, s'il était de leur intérêt de venir en France, ou de rester en Angleterre.

» Qu'en général il avait cru voir en France beaucoup d'égoïsme, d'apathie, et un grand desir de conserver la tranquillité ».

Malgré les efforts de l'art, on voit dans cette déclaration un aveu formel de la conspiration, qui pouvait seule déterminer les princes à désirer savoir si leur intérêt les appelait en France, ou s'ils devaient rester à Londres ?

Si Roger dit Loyseau n'a pas aussi fait une déclaration formelle sur la conspiration devant le magistrat chargé d'instruire, il s'est expliqué devant des gendarmes d'élite, qui ont été entendus, et dont les dépositions doivent fixer toute l'attention.

Le sept germinal, Louis Gauchet a déclaré que le premier du même mois, il avait été placé avec Frin, son compagnon d'armes, étant comme lui de garde dans l'intérieur de la tour du Temple, depuis midi jusqu'à quatre heures du soir, auprès du nommé Roger, prisonnier; que ledit Roger leur avait assuré qu'on lui avait dit que Moreau, Pichegru et Georges étaient les trois principaux chefs de la conspiration actuelle contre le premier consul, et contre la république française; que Moreau devait prendre le commandement de l'armée du camp de Boulogne, et la diriger sur Paris.

» Alexandre Frin a déclaré qu'il avait été mis en faction depuis midi jusqu'à quatre heures auprès du nommé Roger dit Loiseau; que ce dernier lui ayant demandé de quel département il était, il lui avait dit de Maine et Loire; que son camarade, a qui il avait fait la même question, lui avait répondu, d'Ile et Vilaine; qu'il leur avait dit qu'il avait fait la guerre avec les chouans; qu'il avait demandé audit Roger, s'il connaissait Bourmont et Daudigné; qu'après avoir parlé de ce qui s'était passé dans le Morbihan, et dans les départements voisins, ils avaient parlé de la conspiration actuelle; qu'il n'avait pas dissimulé qu'il était un des complices, et leur avait dit, que Moreau, Pichegru et Georges étaient les trois chefs principaux; que le coup porté, Moreau devait aller à Boulogne, se mettre à la tête de l'armée et la ramener à Paris.

Pierre-Alexandre Leroy a déclaré , qu'il était de garde au temple, le premier germinal ; qu'on l'avait mis , à quatre heures du soir, en faction auprès de Roger dit Loiseau ; qu'il y était resté jusqu'à huit heures du soir, avec Gilbert et son camarade ;

» Que ledit Roger leur avait demandé ce qu'on disait d'eux ; que sur leur réponse, il leur avait dit que si le temps n'avait pas été contraire, des ci-devant princes du sang, qui étaient sur une frégate qui devait avoir paru dans les environs de Dieppe , seraient débarqués.

» Que si l'on eût attendu seulement huit jours, le plan eût été éxécuté.

Qu'après différentes explications , il avait avoué qu'il savait bien que les trois principaux chefs de la conspiration actuelle étaient Moreau, Pichegru et Georges.

» Que leur intention n'était point de faire de mal à la troupe ;

» Que le premier consul aurait été enlevé, conduit en Angleterre , et le Prétendant, Louis XVIII , placé sur le trône.

Urbain Gilbert a déclaré : « Qu'étant de garde à la tour du Temple, le premier germinal , auprès de Roger dit Loyseau , ce dernier avait dit qu'il était instruit de la conspiration qui venait d'être découverte ; qu'il était un des conjurés ;

Qu'il avait fait faire un habit pour cela, et acheté un cheval trente-cinq louis ;

Que les chefs étaient Pichegru, Moreau et Georges ;

Que le but était d'enlever le premier Consul , de le conduire en Angleterre , et de mettre Monsieur sur le trône ;

Qu'on se servait de Pichegru et de Moreau pour avoir les armées ;

Et que , sur quelques réflexions relatives à Moreau , il avait dit : Oh ! bah ! Moreau n'a jamais été Républicain. »

Dans un interrogatoire subi le 23 germinal dernier, Louis Ducorps, qui servait de guide à Aumale , aux conjurés qui venaient d'Angleterre pour l'exécution du plan, a déclaré : « Qu'il leur avait quelquefois entendu dire, mais secrètement et entre eux, qu'on devait renverser le Gouvernement , et mettre un Bourbon sur le trône.

Léridant , interpellé le 18 ventôse dernier , à la préfecture de police , de dire si

Georges, et les brigands de sa bande qu'il connaissait, ne lui avaient pas fait part du projet d'assassiner le premier Consul?

A répondu : « Ces messieurs me disaient seulement qu'ils étaient attachés au parti des Bourbons, et qu'ils cherchaient les moyens de les rétablir sur le trône. »

Le 24 pluviôse dernier, Louis *Picot* a déclaré que : « Les chefs avaient tiré au sort à qui attaquerait le premier Consul?

Qu'ils voulaient l'enlever, s'ils le rencontraient sur la route de Boulogne;

Ou l'assassiner en lui présentant une pétition à la parade, ou lorsqu'il irait au spectacle;

Que c'était pour cela qu'on avait fait faire des uniformes;

Qu'il y avait des *uniformes de chasseurs, couleur bleue*;

Qu'il y en avait d'hussards, en vert, chapeau à cornes, avec ganses et glands d'argent. »

Le même jour il a dit : Que les chefs avaient fréquemment répeté, *devant lui*, qu'ils étaient fâchés que les princes eussent mis Moreau dans l'affaire.

Interrogé le 24 ventôse, sur la question de savoir : Si tous ceux qui étaient aux ordres de Georges et à sa solde à Paris, pour l'exécution de son plan, n'avaient pas, comme lui, chacun deux pistolets et un poignard ?

Il a répondu : Je puis au moins l'affirmer pour presque tous.

Dans une déclaration, en date du 10 germinal dernier, Victor Couchery a dit : « Qu'il avait bien à-peu-près connu que Georges et ses gens devaient agir contre le premier Consul. »

Rolland, dans un interrogatoire en date du 29 pluviôse dernier, a dit :

« Je rentrai chez moi vers les dix heures du soir, le jour où Pichegru avait eu avec Moreau la conférence où mon cabriolet l'avait conduit.

Pichegru de retour, me fit alors entendre qu'il avait des projets bien différents de ceux que je lui supposais. Il me dit : Qu'il avait vu les princes en Angleterre ; être chargé de faire à Moreau des ouvertures à cet égard ; avoir causé de cet objet avec lui ; mais que n'étant pas tombés d'accord, il me priait de le voir le lendemain ; de lui demander, déterminément, s'il voulait conduire un mouvement royaliste ; ou, dans le cas contraire, ses gens à lui agissants, s'il voulait s'engager à remettre l'autorité *dont il se trouverait investi*, en des mains légitimes aussitôt qu'il le pourrait.

Je ne sais si Pichegru s'apperçut de l'effet
que produisit sur moi cette ouverture.

J'allais, sans doute, balbutier quelques observations, lorsque réfléchissant qu'un secret
de cette nature devait ne pas être impuné-
ment contredit, je pris le parti de me retirer
sous prétexte de besoin de repos. Certes, il
me fut impossible de fermer l'œil de toute la
nuit ; j'apperçus le gouffre dans lequel ma
confiance m'avait plongé, le danger de faire
un pas en avant ou en arrière ; et le jour
parut, sans que j'eusse pu prendre une résolution fixe. »

Dans le jour, cependant, il fallut aller
faire à Moreau la fameuse ouverture à laquelle
je n'osais plus me refuser ; j'espérais, je ne
sais pourquoi, que ce général me retirerait
d'embarras. Voici à-peu-près la réponse qu'il
me fit : Je ne puis me mettre à la tête d'aucun
mouvement pour les Bourbons ; ils se sont
tous si mal conduits, qu'un essai semblable
ne réussirait pas. Si Pichegru fait agir dans
un autre sens, et en ce cas je lui ai dit qu'il
faudrait que les Consuls et le Gouverneur de
Paris disparûssent, je crois avoir un parti
assez fort dans le Sénat, pour obtenir l'au-

torité ; je m'en servirai aussitôt pour mettre
son monde à couvert , ensuite de quoi l'o-
pinion dictera ce qu'il conviendra de faire ,
mais je ne m'engagerai à rien par écrit. Il me dit
en outre dans la conférence , que depuis la
première ouverture de Pichegru , il avait parlé
à plusieurs de ses amis. »

Lajolais a déclaré , le 27 pluviôse dernier :
« Qu'entrant en Angleterre chez Pichegru , il
y avait trouvé un Français qui causait avec
lui ; que ce Français, sachant qu'il arrivait
de France , lui avait demandé des nouvelles ;
qu'il lui en avait donné avec assez de né-
gligence ;

Que Couchery , qui était entré en ce moment , lui avait dit qu'il parlait au comte
d'Artois ;

Que celui-ci était resté peu de temps ;
mais qu'il se rappelait, qu'un moment avant de
sortir , et à l'occasion de la France , il lui
avait dit : Si nos deux généraux peuvent
bien s'entendre, je ne tarderai pas à y arriver».

» Que Pichegru , revenant du dernier rendez-vous avec Moreau, lui avait paru mécontent, et s'ouvrant un peu , contre son ordinaire ,
lui avait dit : Il paraît que ce b....-là a aussi

de l'ambition, et qu'il voudrait régner. Eh bien! je lui souhaite beaucoup de succès ; mais, à mon avis, il n'est pas en état de gouverner la France pendant deux mois. »

Il a ajouté que, « quant à Georges , son but lui avait paru être le rétablissement pur et simple de la monarchie en France.

» Que c'était pour arriver à ce but, qu'il était parti de Londres il y avait plus de six mois;

» Que, pour réussir dans son projet, il voulait, après avoir assassiné le premier Consul, tuer tout ce qui lui aurait montré de l'opposition ;

» Qu'il avait beaucoup de monde à sa disposition, soit dans Paris, soit dans la Picardie, soit ailleurs ;

» Qu'il avait une valise remplie d'or, sur laquelle il comptait, ainsi que ses affidés, pour l'exécution du plan; qu'elle avait été enterrée dans le jardin d'une maison de Chaillot; qu'elle n'avait pas été trouvée, lors de la visite, et qu'elle avait été enlevée deux jours après. »

Le général Moreau est convenu, dans un interrogatoire devant le grand-juge, ministre de la justice, le 29 pluviôse dernier, qu'il y avait quelques mois, Fresnières lui avait dit qu'une personne qui prétendait l'avoir connu à l'armée, mais qu'il ne connaissait pas, l'avait chargé de lui demander si, à raison de l'oubli et de l'abandon où le laissait le Gouvernement, il ne voulait pas prendre l'engagement avec les princes français, de les servir au premier changement qui pourrait survenir dans le Gouvernement.

Le 9 germinal, il a avoué que Pichegru avait été chez lui, et lui avait parlé des princes et des chances que présentait la descente en Angleterre.

Dans une lettre au premier Consul, datée du Temple, le 17 ventôse, après avoir parlé de Pichegru, il s'exprime ainsi :

« Pendant les deux dernières campagnes d'Allemagne et depuis la paix, il m'a été fait quelquefois des ouvertures assez éloignées, pour savoir s'il était possible de me faire entrer en relation avec les princes français ; je trouvais tout cela si ridicule, que je n'y fis pas même de réponse.

« Quant à la conspiration actuelle, je puis vous affirmer également que je suis loin d'y avoir la moindre part, etc.

« Je vous le répète, général ; quelque proposition qui m'ait été faite, je l'ai repoussée par opinion , et regardée comme la plus insigne des folies ; et, quand on m'a présenté la chance de la descente en Angleterre comme favorable à un changement de gouvernement, j'ai répondu que le sénat était l'autorité à laquelle tous les Français ne manqueraient pas de se réunir en cas de trouble, et que je serais le premier à me soumettre à ses ordres.

» De pareilles ouvertures faites à moi, particulier isolé, n'ayant voulu conserver nulle relation, ni dans l'armée, dont les neuf dixièmes ont servi sous mes ordres , ni avec aucune autorité constituée , ne pouvaient exiger de ma part qu'un refus : une délation répugnait trop à mon caractère ; presque toujours jugée avec sévérité , elle devient odieuse , et imprime un sceau de réprobation sur celui qui s'en est rendu coupable vis-à-vis des personnes à qui on doit de la reconnaissance, ou avec qui on a eu d'anciennes liaisons d'amitié. »

Qui pourrait douter d'une conspiration avouée par ceux mêmes qui avaient intérêt de la contester ?

Que l'assassinat du premier Consul dût être le premier acte de l'exécution du plan des conjurés , c'est un point sur lequel la raison ne permet aucune division.

Quatre témoins entendus devant le magistrat de sûreté du premier arrondissement de Paris , les 12 , 13, 20 et 30 messidor dernier, se sont d'ailleurs exprimés à cet égard , et en même temps sur le projet de renversement du Gouvernement français, d'une manière bien concordante.

Louis - Augustin Roulier a déclaré « qu'il y avait neuf ans, exerçant son état de tailleur à Rouen , rue Die - Million , il avait connu le nommé Lebourgeois, qui tenait un café dans la même ville , rue Grand-Pont , nº. 5,

» Que, comme il habitait un très-vilain quartier, Lebourgeois lui avait proposé de venir prendre une chambre chez lui , au deuxième étage ; qu'il y était resté deux ans ; qu'il s'était lié avec Lebourgeois : mais que, comme il y avait chez lui des rassemblements continuels, et que sa maison avait été bientôt notée, il en était sorti , et l'avait perdu de vue ;

« Qu'il y avait environ un an, le citoyen Aubé , curé de son ancienne paroisse d'Alizé, arrivant d'Angleterre , lui avait dit que connaissant parfaitement son état, il pourrait faire de bonnes affaires à Londres en qualité de tailleur , parce qu'il n'y en avait pas de bons dans cette ville ;

« Qu'il s'était décidé à aller s'y établir avec sa femme et son enfant, après avoir vendu son fonds et son mobilier; qu'il y était arrivé dans le mois d'août ;

» Qu'un jour du mois de novembre, il avait rencontré , dans une rue, Lebourgeois qui l'avait accosté , et lui avait témoigné sa surprise de le trouver à Londres ;

» Qu'après les compliments d'usage, il avait invité Lebourgeois à venir prendre quelque chose chez lui , et lui avait donné son adresse , et qu'en effet, sept à huit jours après , il était venu dîner avec lui et sa femme ;

« Qu'il n'avait pas parlé cette fois du premier Consul ni du gouvernement ; qu'il lui avait fait beaucoup de questions sur ce qui se passait à Rouen , et sur la manière dont les affaires allaient en France ;

» Que Lebourgeois avait continué de le voir de temps en temps ; qu'un jour il lui avait demandé ce qu'on faisait du petit Bonaparte ; qu'il lui avait répondu qu'il n'en savait rien ; qu'alors Lebourgeois avait ajouté : *Sacré nom d'un Dieu, sous deux mois il sautera, nous devons aller à Paris ; nous le foutons à bas lui et son gouvernement.*

» Qu'un tel propos l'avait fait frémir ; qu'il lui avait observé qu'il avait tort de bâtir de tels châteaux en Espagne ; qu'il ferait mieux de rester tranquille ; que Lebourgeois lui avait répondu : *tu es une foutue bête.*

» Que dès-lors, il avait résolu de s'assurer quels étaient les projets et les complices de Lebourgeois.

» Qu'environ quinze jours après , Lebourgeois était revenu chez lui avec Picot qu'il ne connaissait point, et avec un nommé Chevalier, beau-frère de Picot ; qu'il lui avait présenté ces deux individus comme des pratiques; et qu'en effet , ils lui avaient commandé chacun un habit complet et un habit de plus pour Picot ; qu'il avait ouï dire que Picot était l'aide-de-camp ou l'adjudant général de Georges, et avait cinq à six schellings par jour du gouvernement anglais , tandis que Lebourgeois n'avait que deux ou trois schellings de secours :

» Que dans ce même temps, Lebourgeois lui avait confié , en présence de Chevalier, qu'ils allaient partir pour la France dans le dessein d'attenter aux jours du premier

Consul ; qu'ils étaient assurés de réussir, et qu'ils reviendraient avec le panache blanc ; qu'il lui avait dit qu'ils avaient besoin d'armes, et lui avait demandé s'il connaîtrait quelques marchands français ou allemands où ils pourraient en acheter ; et qu'il les avait adressés chez un fourbisseur allemand, où ils avaient acheté véritablement des pistolets, et chacun un gros bâton avec un poignard dedans.

» Que les propos qu'il venait de répéter avaient été entendus par sa femme ; qu'ils étaient tous, ainsi que les projets de Picot et Lebourgeois, à la connaissance du nommé Dujardin qui était resté deux ou trois mois à Londres avec Lebourgeois.

» Que ledit Dujardin lui en avait parlé très-souvent et lui avait répété plusieurs fois que Lebourgeois, Chevalier et Picot partaient dans le dessein d'assassiner le premier Consul : Qu'un nommé *Roger qui avait fait la machine infernale du trois Nivôse, était encore aux trousses du premier Consul ; qu'il travaillait de nouveau et qu'il devait passer en France quelques jours avant ou quelques jours après Lebourgeois, Picot et Chevalier ; que chacun d'eux parlait de ce complot devant lui sans aucune méfiance.*

« Que Dujardin avait ajouté qu'il était persuadé que ces hommes étaient gagnés et mis
en avant par les Anglais , et que lui avait
regardé cette réflexion comme d'autant plus
fondée qu'il avait remarqué que Lebourgeois ,
Picot et Chevalier étaient sans argent quelques
jours auparavant , et que tout-à-coup , et lorsqu'ils avaient été au moment de partir , ils
avaient des guinées par centaines.

« Qu'ayant réfléchi aux malheurs que ces
hommes pouvaient causer à la France , il
s'était empressé d'aller prévenir de cet horrible complot l'Ambassadeur Andréossi , qui
après avoir pris des renseignements sur cette
affaire, l'avait engagé à passer en France, afin
de faire sa déclaration devant une autorité
compétente ; qu'il y était venu avec plaisir pour
s'acquitter de ce devoir de bon citoyen , ajoutant que le nommé Dujardin qu'il avait engagé
à venir en France, était instruit de toutes les
circonstances de ce complot ; que le nommé
Marchand, garçon tailleur qui était à Paris ,
pourrait aussi donner des renseignements, de
même que la femme de lui déclarant, qui arrivait de Londres, et qu'il attendait d'un moment
à l'autre.

François-Etienne Marchand a déclaré « qu'il

y avait cinq mois qu'il était à Londres, lorsque le Citoyen Roulier était venu demander dans une maison d'appel (c'est-à-dire, dans une maison où les garçons tailleurs vont se faire inscrire lorsqu'ils ont besoin d'une Boutique), un garçon tailleur français.

» Qu'ayant été désigné, le citoyen Roulier le prit.

» Qu'il voyait venir chez le citoyen Roulier, entr'autres personnes, deux français qu'il ne connoissait point, dont l'un s'appelait Lebourgeois, l'autre Picot, ainsi qu'un autre jeune homme nommé Dujardin, aussi français, lequel venait presque tous les soirs.

» Que le 27 ou le 28 décembre, comme il était à son travail, il avait entendu Lebourgeois et Picot dans la chambre du citoyen Roulier, et que Lebourgeois avait dit : sacré nom de Dieu, ce f.... Bonaparte a plus vécu qu'il ne vivra ; nous verrons, aussi-tôt que nous serons arrivés en France, ce que nous pourrons en faire ; qu'il avait entendu en même-temps le citoyen Roulier répondre : cependant le gouvernement français est stable ; on peut compter sur lui. Qu'il ne pouvait donner d'autres détails, si ce n'était que ces deux hommes étaient très-pressés de partir pour la France, et qu'ils le

tourmentaient beaucoup afin qu'il finît les
habits, pantalons et gillets qu'ils firent faire
chez le citoyen Roulier; que les propos qu'il
avait entendu tenir par Lebourgeois lui ayant
inspiré de grands soupçons, il avait demandé
à Roulier ce qu'il pouvait savoir.

» Que Roulier lui avait répondu qu'il y avait
deux nuits qu'il n'avait pas dormi, et qu'alors
il lui avait confié sous le plus grand secret que
les deux hommes qu'il avait vus chez lui,
c'est-à-dire, Lebourgeois et Picot, avaient
formé le complot de passer en France pour
attenter aux jours du premier Consul, et qu'ils
venaient de partir pour aller l'assassiner; qu'il
en était sûr et qu'il pensait même qu'ils étaient
payés par le gouvernement anglais; qu'avant
de partir il les savait sans argent, puisqu'il
avait été obligé de prêter une demi-guinée
à Lebourgeois, et qu'un ou deux jours avant
leur départ, non-seulement ils avaient fait
beaucoup de dépenses, mais qu'il leur avait
vû plus de cent guinées à la fois.

» Que Roulier lui avait dit encore qu'ils
lui avaient demandé un marchand chez lequel
ils pourraient acheter des armes, et qu'ils
avaient acheté des pistolets et des gros bâtons
dans lesquels il y avait des poignards.

..» Qu'en rapprochant ce qu'il avait entendu
lui-même de ce que Roulier lui avait dit, il
avait vu qu'il n'y avait pas de temps à perdre ;
qu'en conséquence il avait proposé au citoyen
Roulier d'aller déclarer tout cela à l'ambassadeur français ; que Roulier y ayant consenti
il s'était rendu chez le citoyen Portalis, premier
secrétaire de l'ambassadeur, qui, après l'avoir
entendu, lui avait dit que la chose était bien
délicate et l'avait conduit devant l'ambassadeur
auquel il avait répété ce qu'il avait déclaré
au secrétaire Portalis.

» Que le général Andréossy lui avait demandé à voir le citoyen Roulier ; qu'il avait
été le chercher ; que celui-ci avait raconté ce
qu'il savait, et qu'après leur avoir fait beaucoup
de questions à l'un et à l'autre, il leur avait
dit qu'il allait envoyer un courier en France et
que ces individus seraient arrêtés.

. » Qu'aussi-tôt que Roulier et lui eurent
parlé à l'ambassadeur, et que la femme dudit
Roulier s'en fut apperçue, elle lui avait dit
qu'elle avait aussi entendu ces deux individus
dire que Bonaparte avait plus vécu qu'il ne
vivrait, et qu'aussi-tôt qu'ils seraient arrivés
en France, ils verraient ce qu'ils en feraient,
et bien d'autres propos qui ne laissaient pas

6

douter que Picot et Lebourgeois ne fussent bien décidés à attenter à la vie du premier Consul, et qu'ils ne se cachaient point d'elle pour tenir leurs horribles propos. »

» Françoise-Victoire Guerin, femme Roulier, a déclaré que Lebourgeois avait dit un jour, qu'aussitôt qu'ils auraient porté leur coup sur la personne du premier Consul, ils reviendraient à Londres avec le panache blanc ; qu'un autre jour, le même avait dit, en jurant : *le petit Bonaparte a plus vécu qu'il ne vivra. Quand nous serons à Paris, nous verrons ; je ne lui dis pas adieu ;* qu'ils l'appelaient une fois *le petit Bonaparte ;* une autrefois, *le petit caporal.*

» Qu'il semblait, à les entendre, qu'aussitôt qu'ils seraient venus à Paris, et qu'ils auraient fait leur coup, ils nageraient dans l'or et l'argent ;

» Que Picot dit une fois, que s'il était possible que le coup manquât, il faudrait inculquer tant de haine, même dans l'esprit de leurs enfants, qu'il se trouverait bientôt quelqu'un qui ferait la même entreprise.

» Qu'il avait ajouté que celui qui avait fait la machine du 3 nivôse, travaillait encore le premier Consul ; qu'il en ferait une autre, qui, au besoin, ne manquerait pas ; qu'il l'appelait

Roger , et disait qu'il devait se trouver avec sa nouvelle machine à Paris.

Qu'ils s'entretenaient des armes dont ils auraient besoin , et qu'elle les avait entendus dire , qu'il leur fallait des pistolets , des poignards et des espingoles ; qu'elle avait su ensuite qu'ils en avaient acheté.

» Que tout le monde savait à Londres qu'ils étaient payés par le Gouvernement anglais.

» Que Picot recevait , non seulement pour lui , mais encore pour sa femme et ses enfants, et que Lebourgeois lui avait dit qu'il avait trois louis par mois.

» Qu'ils avaient fait faire des habits à son mari , et que sur la fin , c'est-à-dire , les derniers jours qu'ils étaient restés à Londres avant leur départ pour la France , elle s'était apperçue qu'ils avaient beaucoup d'argent , ce qui l'avait étonnée étrangement.

» Qu'elle était toute étourdie des propos infâmes qu'ils tenaient ; qu'elle ne savait que faire ni que dire , et qu'elle avait été bien contente , lorsqu'elle avait su que son mari et Marchand avaient été trouver l'ambassadeur Andréossy.

François Dujardin a déclaré : « que pendant le séjour qu'il avait fait à Londres , il y avait connu le nommé Tamerlan , ancien chef de

6.

chouans , qu'il avait gardé trente-cinq jours
et trente-cinq nuits , pendant une maladie qu'il
avait cue , sur l'invitation qui lui avait été faite
par un nommé Lebourgeois ; qu'il avait vu
chez ledit Tamerlan , un nommé Brigand,
aide - de - camp de Georges , le Moyne ,
Pierre Ville , dit Chandellier, Lamartillière ,
Roger, Delamarre, Lebourgeois et Picot.

» Qu'ils ne parlaient que de rétablir
Louis XVIII sur le trône de France , et que
le moyen qu'ils disaient le plus propre à les
faire arriver à ce but , était de détruire *le
petit Caporal ;* qu'ils avaient vu plusieurs fois
l'aide-de-camp de Georges porter des lettres
à Tamerlan , de la part de Georges ; qu'on
lisait les lettres , mais que, comme Tamerlan
ne pouvait pas écrire, il répondait de bouche
à l'aide-de-camp, et qu'afin qu'il n'entendît
pas, on le faisait sortir ;

« Qu'ils mangeaient tous ensemble dans la
même rue où demeurait Tamerlan chez le
nommé Félix ; qu'ils se réunissaient presque
tous les jours ; qu'ils entraient dans de grandes
colères ; que Picot sur-tout semblait un enragé
lorsqu'il avait su que le premier Consul avait
été à Rouen ; qu'il frappait des pieds en disant
que s'il avait été alors à Rouen, il n'aurait pas

manqué son coup; qu'ils s'entretenaient bien du départ de Lebourgeois , et Picot pour la France, mais qu'ils parlaient à mots couverts et le faisaient souvent sortir.

« Que Lebourgeois et Picot ne cachaient point chez Roulier leur haine pour le Gouvernement Français ni le motif de leur voyage en France ; qu'ils en parlaient toutes les fois qu'ils y venaient ; qu'ils disaient que le premier Consul était un usurpateur ; que sa place ne lui appartenait pas , mais à Louis XVIII ; qu'ils venaient à Paris dans le dessein de le mettre à bas, et que pour cette fois il n'échapperait pas ; qu'ils disaient qu'aussitôt qu'ils seraient à Paris , ce serait Picot qui chercherait à donner un coup de poignard au premier Consul, et que celui-ci ajoutait que , dût-il périr de cette action , il mourrait content , pourvu qu'il eût tué le premier Consul ; qu'ils avaient deux moyens , le poignard et une autre *machine infernale*, faite ou dessinée par *Roger*, le même qui avait fait celle du trois Nivôse.

« En ajoutant que si on avait eu un *tel* homme en France, il y aurait long-temps qu'il serait guillotiné ou que le Consul n'existerait plus.

Qu'enfin ils disaient qu'ils ne reviendraient en Angleterre qu'avec des panaches blancs.

« Qu'il était assuré que Picot recevait pour lui et pour sa maison douze à quinze schellings par jour, du Gouvernement anglais ; qu'il l'avait entendu lui-même dire chez Tamerlan que Lebourgeois n'en avait que deux ; qu'il avait compris que Picot, qui avait la croix de St. Louis, était très-lié avec Georges ; qu'il allait très-souvent manger chez lui, et qu'il était le plus accrédité de son parti auprès du Gouvernement anglais ; qu'il lui avait proposé de lui faire donner un traitement qu'il avait refusé, et qu'il n'ignorait pas qu'il en avait également offert un à Roulier, mais qu'il avait conseillé à sa femme de ne rien accepter.

« Qu'il était sûr que non-seulement le Gouvernement anglais était instruit du voyage et du motif, mais qu'il avait fourni tout l'argent pour l'exécution ; que c'était M. Le Comte de la Chaussée qui donnait l'argent à M. Lamartillière, et que celui-ci le distribuait.

» Que, pour s'en convaincre, il ne fallait que voir leur impatience sur le dernier temps, et les entendre dire qu'on tardait bien à leur donner leur argent ; que s'ils en avaient, ils partiraient tout de suite ;

» Qu'ils n'avaient presque pas été payés les trois derniers mois, et qu'on leur paya tout à la fois; qu'ils payèrent toutes leurs dettes, et qu'on leur voyait des *pleines mains* de guinées ;

» Qu'il savait qu'ils avaient acheté des armes à Londres ; qu'il les avait entendus dire chez Roulier qu'il leur fallait des poignards et des pistolets, et que le jour de leur départ, il les avait vus chez Roulier sur les trois heures de l'après-midi ; qu'ils avaient des pistolets à leur ceinture, et chacun un gros bâton , dans le bout duquel il y avait un poignard ;

» Qu'aussitôt qu'il avait su leur arrestation, il avait été chez Tamerlan, qui lui avait dit que c'était leur faute s'ils avaient été arrêtés ; qu'il leur avait permis d'aller passer quinze jours à la campagne, mais non en France , et qu'au surplus , s'ils avaient été en France, c'était pour des affaires de famille ;

» Que voyant que Tamerlan voulait lui donner le change , il avait fait quelques observations ; et qu'alors Tamerlan lui avait dit qu'on était convenu que , dans le cas où ils seraient arrêtés , on dirait qu'on ne leur avait point permis de passer en France , afin d'éviter que leur présence ne donnât des soupçons au gouvernement français.

» Ces quatre témoins ont persisté devant le juge instructeur.

» Pierre-Louis Picot et Charles Lebourgeois ont été condamnés à mort par une commission militaire, le 5 pluviôse dernier.

» Ils s'étaient aussi rendus coupables de correspondance avec les ennemis de l'état. »

Leur jugement a été exécuté.

Mais Deville, dit Tamerlan ; mais Roger, dit Loiseau, sont du nombre des conjurés, et les projets dévoilés par les déclarations qui vièrent d'être rapportées, ne peuvent se séparer de la conspiration dont elles concourent encore puissamment à établir l'existence

Que de conséquences encore à tirer des armes, de la poudre, des poignards, des uniformes saisis et de la réunion à Paris de tous les sicaires soudoyés par l'Angleterre ! !

Des correspondances criminelles avec les ennemis de l'état saisies et arrêtées ! !

De l'envoi d'émissaires dans les départements de l'Ouest, pour augmenter le nombre des complices !!!

De la séduction employée pour faciliter aux assassins les moyens d'arriver à Paris !!

Des conférences clandestines qui y ont eu lieu !!

Des rapports des agents avec leurs chefs ! !

Des caches préparées pour récéler les conspirateurs ! !

De l'audace enfin de ces hommes pour lesquels il n'est pas de patrie, et qui, au moment où la conspiration a éclaté, cherchaient à accréditer toutes les calomnies et toutes les idées désorganisatrices!!

En dire davantage, ce serait révoquer en doute la puissance réelle de l'évidence.

DEUXIÈME POINT.

Le Gouvernement anglais est l'ame de la conspiration.

Depuis la naissance de la révolution, il a tout employé pour anéantir la France.

Son or agissait lorsqu'il paraissait étranger aux motifs de guerre avec les autres puissances.

L'homme politique qui en a observé la marche, ne peut s'occuper de lui, sans éprouver un sentiment d'horreur.

Sa devise écrite en caractères ineffaçables dans les annales de toutes les nations, doit-être, *rien n'est sacré pour lui que le crime.*

C'est lui, oui c'est lui, qui médita la journée du 3 nivôse.

C'est lui qui, par l'intermédiaire de ses agents principaux, bien dignes de toute sa confiance, fit mettre le feu à la machine infernale.

C'est près de lui et sous sa protection spéciale , que se sont retirés les scélérats que
l'instruction criminelle avait signalés , et que
le glaive de la loi n'a pu atteindre.

On les retrouve à la tête de la conspiration
actuelle.

On dirait que ce Gouvernement sacrilège
qui les pensionnait avant , et qui sans doute ,
leur a fait un traitement plus avantageux depuis , ne les a recueillis que pour les enhardir
à de nouveaux forfaits.

Qui pourrait en douter ? c'est lui qui avait
envoyé en France , au mois de nivôse an 11 ,
Pierre-Louis Picot et Charles Lebourgeois.

Il faut avoir une idée de la moralité de ces
hommes et de leurs liaisons , pour se former
encore une opinion plus juste de la turpitude
de ce Gouvernement.

Lebourgeois, tenait à Rouen une maison qui
était le rendez-vous de tous les contre-révolu-
tionnaires.

Tamerlan et les frères Gaillard , s'y rendaient.

C'est là, qu'on méditait les injures aux autorités , les vols de diligence , les massacres
de gendarmerie.

Lebourgeois, fut accusé d'avoir conseillé

le vol de la diligence du Hâvre ; il fut arrêté. La mort d'un témoin le sauva.

Il se retira à Pont-Audemer, on ne tarda pas à le soupçonner des désordres partiels qui troublaient le département de l'Eure.

Tous ses amis echappés au supplice qu'ils avaient mérité, s'étaient retirés en Angleterre. Il y passa en l'an 10.

Il y trouva Picot, dont les amis avaient eu le même sort que les siens.

Picot, mis en jugement en 1790, pour un vol considérable commis à Rouen, faubourg Saint-Sévère ;

Picot, arrêté relativement à l'assassinat du curé de Catenay ;

Picot, déserteur, enrôlé par les chouans en l'an 2, au moment où il venait de voler la montre et les armes de son capitaine ;

Picot, qui par ses cruautés avait mérité le surnom de boucher des bleus ;

Qui était parti du château de la Pallu, où il était retranché, pour se porter dans la commune de Sap, où il avait fait fusiller douze officiers municipaux ;

Expédition qui lui valut le grade de chef de légion, et qui contribua puissamment à lui faire donner la croix de Saint-Louis, qu'il portait en Angleterre ;

Ce Picot, qui après la pacification, avait paru vouloir profiter de l'indulgence du Gouvernement, s'était soustrait à sa surveillance et s'était empressé de se rendre à Londres.

Ce Picot, qui, condamné à mort par un conseil de guerre, osa offrir par écrit au Gouvernement français, de faire venir sa femme et ses enfants d'Angleterre, de les laisser pour ôtages, et de se rendre à Londres pour y assassiner Georges.

Le Gouvernement anglais pouvait-il mettre en des mains plus sûres les armes destinées à l'assassinat du premier Consul ?

Il est établi que tous les conjurés arrivés de Londres, recevaient un traitement du Gouvernement Anglais ; qu'il leur a fourni des poignards, des armes de toute nature, de la poudre, de l'or, des billets de banque, des traites et des lettres de crédit, et qu'il les a fait transporter sur des bâtiments à ses ordres ; tous ces faits, ne sont-ils pas une preuve du concert criminel qui règne entre ce Gouvernement et les assassins ?

Ne résulte - t - il pas encore une preuve accablante contre ce Gouvernement, des instructions remises au mois de septembre

1803 , par Bertrand de Molleville , ministre de
la marine , sous Louis XVI , à un Français qui
avait été jugé à Londres assez lâche pour trahir
son pays , dans le moment même où il s'occupait de le servir.

Deux passe-ports délivrés à ce français le
même jour et sous le même numéro , par le
même sous-secrétaire d'État , établissent irré-
sistiblement que c'est au nom du ministère anglais que ces instructions lui ont été remises.

L'un de ces passe-ports , est sous le vrai
nom de ce français qui à raison de la circonstance , est annoncé renvoyé d'Angleterre ,
comme suspect de jacobinisme.

L'autre , sous le nom de Stanislas Jablonski,
gentilhomme Polonais , voyageant pour ses
affaires.

Ces instructions sont censées données à
Delatouche , surnom de ce français qui se
trouve dans un des passe-ports.

Il est impossible de les lire sans rester convaincu que le Gouvernement anglais est disposé à tout oser pour allumer la guerre civile
en France.

Elles sont ainsi conçues :

Art. 1. « M. D. L. se rendra incessamment
en France , et sans aller jusqu'à Paris , trou-

vera le moyen de conférer avec ses associés
auxquels il fera connaître, qu'ayant une entière confiance dans leur sagesse, dans la pu-
reté de leurs intentions et de leur patriotisme,
on est disposé à leur fournir les moyens pécuniaires qui seront nécessaires pour amener
le renversement du Gouvernement actuel, et
pour mettre la nation française à portée de
choisir enfin la forme de Gouvernement la
plus propre à assurer son bonheur et sa tranquillité ; choix sur lequel dix ans d'expérience
doivent l'avoir assez éclairée. »

ART. II. M. D. L. arrêtera avec ses associés un plan général contenant :

« 1°. Le détail des moyens d'exécution
qu'il se propose d'employer successivement.

« 2°. L'apperçu des dépenses qu'ils pourront entraîner, en y apportant toute l'écono-
mie possible.

« 3°. L'époque probable à laquelle il sera
nécessaire que ces fonds soient payés.

« III. M. D. L. remettra aux associés cinq
cents livres sterling pour commencer leurs
opérations. Lorsque cette somme sera épuisée

ou au moment de l'être , les moyens de la re-
nouveler seront fournis à M. D. L.

« IV. On désire avoir deux fois par semaine un bulletin de tous les événements inté-
ressants dont les papiers publics français ne
parlent pas , ainsi que de ce qui se passe dans
les ports et aux armées. Les associés pourront
y rendre compte du succès de leurs opérations
et de leurs espérances. Ces bulletins doivent
être exactement numérotés, afin que s'il y en
a quelqu'un qui soit égaré ou soustrait, on
puisse s'en appercevoir et en prévenir les associés ; ces bulletins doivent aussi , suivant
la nature des nouvelles qu'ils contiendront,
être écrits partie avec de l'encre noire , et
partie avec de l'encre sympathique dont M.D.L.
leur donnera la recette. Ceux dont une partie
sera écrite avec de l'encre sympathique seront
indiqués par une petite goutte d'encre ordinaire jetée au hasard dans le haut de la première page de la lettre. Il est bien essentiel
que M. D. L. et ses associés s'assurent des
moyens d'être bien instruits de tout ce qui se
passera dans les départements des différents
ministres ainsi qu'au Sénat, au Conseil-d'Etat,
dans l'intérieur du palais , etc. etc. etc. ; car
si ces bulletins cessaient d'être exacts , la

confiance pourrait s'allarmer et s'affaiblir.

« M. D. L. sera l'intermédiaire unique de la correspondance.

« V. Aussitôt que M. D. L. se sera concerté sur tous ces points avec tous ses associés, il se rendra au lieu de sa destination. »

Ce qui a suivi administre des preuves encore bien plus invincibles et sur l'intention du gouvernement anglais de tout entreprendre pour arriver à son but, et sur la vérité que c'est lui qui se servait du voile sacré d'un traité de paix pour diriger la conspiration avec plus d'audace.

Le français auquel les instructions avaient été remises devait se rendre à Munich pour y conférer avec Drake, ministre du roi d'Angleterre près la cour électorale de Bavière, dont le rôle secret était de recruter des agents d'intrigue, de sédition, de révolte, de brigandage et d'assassinats.

Ce plénipotentiaire, chargé sur-tout de diriger les poignards contre le chef du gouvernement français, avait été prévenu ; il accueillit cet agent.

Aux instructions qui devaient être communiquées au comité, et qu'on appelait patentes , d'autres avaient été jointes qu'on appelait secrètes.

Drake témoigna le desir d'en prendre connaissance.

Après les avoir lues , il crut devoir les supprimer et en remettre d'additionnelles.

Elles sont en dix-huit articles.

Tous ces articles attestent hautement la politique machiavélique de ce plénipotentiaire et de son gouvernement.

En voici le texte :

« I. Il paraît plus convenable que M. D. L. se rende à Paris même ou dans les environs, où la police a bien moins les moyens de surveiller quelqu'un qui sait se cacher , que dans un autre endroit où chaque nouveau visage est remarqué , et où le moindre maire est instruit de tout ce qui arrive , et en rend compte pour s'en faire un mérite. On ne parle pas des soupçons que les allées et venues et le passage des lettres peuvent faire naître , ainsi que de leur interception possible.

« Il est encore bon d'observer que l'on est bien mieux éclairé en parlant séparément aux personnes mêmes , qu'en obtenant d'elles des renseignements écrits qui supposent toujours

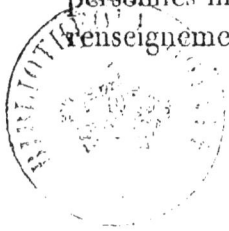

7

une certaine réserve qui n'a pas lieu dans
l'abandon de la conversation

« II. Le but principal du voyage de M.
D. L. étant le renversement du gouvernement
actuel, un des premiers moyens d'y parvenir
est d'obtenir la connaissance des plans de l'ennemi : pour cet effet, il est de la plus haute
importance de commencer avant tout par établir des correspondances sûres dans les différents bureaux, pour avoir une connaissance
exacte de tous les plans, soit pour l'extérieur,
soit pour l'intérieur. La connaissance de ces
plans fournira les meilleures armes pour les
déjouer, et le défaut de succès est un des
moyens de discréditer absolument le gouvernement, premier pas vers le but proposé et
le plus important : pour cet effet, on tâchera
de se ménager des intelligences très-sûres
dans les bureaux de la guerre, de la marine,
des affaires étrangères et des cultes. On tâchera aussi de savoir ce qui se passe dans le comité secret que l'on croit établi à St.-Cloud,
et composé des amis les plus affidés du Consul.
Ces avis doivent être donnés en forme de
bulletin, conformément aux instructions du
président du comité, et envoyés avec toute
la célérité possible à M. D. (Drake) de la

manière qui sera convenue. On aura soin de
rendre compte des différents projets que B.
pourrait avoir relativement à la Turquie et à
l'Irlande, et des menées du comité des Irlan-
dais réfugiés; ces points sont très-spécialement
recommandés à M. D. L., comme le premier
et le plus important en commençant et dans les
premiers moments. On fera connaître aussi le
déplacement des troupes, des vaisseaux, les
constructions et tous les préparatifs militaires.

» Les lettres seront adressées à un ami, à
Strasbourg, et de-là, par lui portées à la poste,
à Kell. Lorsqu'on aura beaucoup à écrire, on
pourra le faire sur le dos d'une ou plusieurs
cartes géographiques, avec l'encre sympathique, ou sur la marge de livres imprimés
sur papier bien collé, en observant de faire
une petite tache d'encre sur la feuille où l'écriture commence, et on enverra le paquet par
un charriot de poste, à l'adresse de madame
Franck, ou messieurs Papelier et compagnie,
à Strasbourg, avec une lettre signée du nom
d'un libraire quelconque, ou l'on priera le
correspondant de le faire passer à M. D.

» Ces correspondants étant dans l'usage de
faire des commissions pour M. D., ne soup-
çonneront jamais de quoi il s'agit, ces objets

7.

étant des objets de commerce ordinaire. Ceci n'aura lieu, cependant, que lorsqu'il y aura beaucoup à écrire, et dans le cas ou le volume du paquet pourrait éveiller des soupçons à la poste, et alors on préviendra M. D. de cet envoi, dans la première lettre ; on observera que la manière d'empaqueter n'ait rien d'affecté. Les adresses de ces paquets seront toujours A. B., avec une lettre d'envoi pour madame Franck ou messieurs Papelier.

III. » On tâchera de fournir à M. D. un apperçu des dépenses qui seront nécessaires, en observant de faire la demande, autant en avance qu'il sera possible, et en expliquant les différents objets. On indiquera à M. D. le nom de convention de la personne en faveur de qui la lettre-de-change doit être tirée, et M. D. aura soin de procurer une lettre, où son nom ne paraîtra pas, et qui ne pourra pas être suspectée.

IV. » Pour mettre la correspondance plus à l'abri d'une découverte, on se servira de noms de convention, même avec l'encre sympathique, de même que pour les noms des villes, qu'on prendra l'une pour l'autre, suivant la feuille numérotée A.

V. » Pour ne pas donner des soupçons, en

écrivant toujours au même nom, M. D. L.
s'arrangera avec six, au moins, de ses connais-
sances les plus sûres, pour pouvoir alterner.
Ce moyen est indispensable, en cas d'acci-
dent ou de maladies. Chacun de ces messieurs,
en écrivant, observera très-exactement l'ordre
numérique de la même série, comme si une
seule personne eût écrit. Ce qui sera écrit
in claro, sera relatif ou au commerce ou
aux arts et sciences, et paraîtra un compte
rendu des nouvelles de Paris. S'il arrive que
l'on dise quelque chose du Gouvernement, ce
sera toujours dans un sens qui lui soit favorable;
on aura soin aussi que ce qui est écrit en encre
sympathique, ne soit pas écrit trop fin ; il faudra numéroter, avec de l'encre sympathique,
et jamais *in claro*, ce qui fait remarquer et
observer davantage.

VI. » M. D. L. ayant reçu de M. V. la recette pour la composition de l'encre sympathique, détruira la bouteille qu'il a avec lui,
pour ne rien porter en France qui puisse
donner le moindre lieu à des soupçons. Il
écrira ses instructions secrètes sur le papier
blanc de son porte-feuille, à la suite des dépenses de voyages, etc ; il détruira toute espèce de papier qui pourrait donner la moindre

lumière sur sa destination, ainsi que les passe-
ports qu'il a.

VII. » On pourrait, de concert avec les asso-
sociés, gagner les employés dans les fabriques
de poudre, afin de les faire sauter, quand l'occasion s'en présentera.

VIII. » Il est, sur-tout, nécessaire de s'associer et de s'assurer de la fidélité de quelques
imprimeurs et graveurs, pour imprimer et faire
tout ce dont l'association aura besoin.

IX. Il serait à desirer que l'on connût au juste
l'état des partis en France, et surtout à Paris,
et quel serait le résultat le plus favorable, si
B. venait à mourir.

X. » On ne parlera au comité, pour le moment actuel, que du renversement du Gouvernement de Bonaparte, hormis à ceux que
l'on sait être bien disposés, en attendant que
l'on ait quelque chose de certain sur les dispositions du roi, et que l'on connaisse mieux la
nature des moyens d'agir dans l'intérieur, ainsi
que la disposition générale des esprits. On enverra, par la suite, de nouvelles instructions,
tendantes au but qu'on se propose, et qui seront calquées sur les renseignements que l'on
recevra.

XI. » On recommande la plus grande circonspection, sur-tout dans les premières démarches, et de ne se confier qu'avec la plus grande réserve, pour éviter les trahisons des faux frères, qui pourraient profiter de cette occasion d'acquérir des droits aux faveurs du gouvernement, et dans aucun cas quelconque, on ne se fiera qu'à des hommes très-prudents. Une manière de sonder l'opinion des gens dont on doute, serait naturellement d'observer que si la République n'est pas possible, il paraît plus simple et plus juste de recourir à la royauté ancienne, que de se dévouer au nouveau despotisme d'un étranger.

XII. » M. D. n'est pas d'avis que M. D. L. quitte la France, à moins d'une nécessité très-urgente, vu la difficulté de passer et repasser les frontières.

XIII. » Il est entendu qu'on emploiera tous les moyens possibles pour désorganiser les armées, soit au dehors, soit au dedans.

XIV » On tâchera d'établir une correspondance plus directe avec l'Angleterre, par la voie de Jersey, ou de quelque point de la côte de France. On pourrait aussi voir s'il y a moyen d'établir une correspondance par la voie de Hollande et d'Embden.

» En attendant, quand on aura des choses
à communiquer, d'un intérêt très-majeur et
très-pressant, on pourrait adresser ses lettres
à M. Harwood, sous enveloppe à MM. Her-
berger et compagnie, à Husum ; mais cette
voie pourrait devenir tous les jours moins
sûre. On ne manquera pas d'envoyer des du-
plicata à M. D. Dans le cas qu'on pourrait
trouver moyen de communiquer avec le commandant de Jersey, M. D. L. écrira sous un
de ses noms de convention, et le commandant de Jersey en sera instruit par le gouverneur anglais.

XV. » M. D. L. fera connaître, au plutôt,
à M. D. l'adresse dont M. D pourrait se servir
en lui écrivant à Paris.

XVI. » M. D. L. adressera les lettres, pour
le moment, à M. l'abbé Dufresne, conseiller
ecclésiastique, à Munich.

XVII. « M. D. L. fera connaître à M. D. les
signes par lesquels on pourrait tirer parti des
paragraphes qui seront publiés dans le Citoyen
français.

XVIII. Dans le cas qu'il devienne nécessaire
d'envoyer des associés auprès de M. D., il faut
l'en avertir d'avance, et attendre sa réponse

à Ausbourg, dans laquelle M. D. indiquera
le lieu de rendez-vous. »

Le Français arrive à Paris.

La correspondance s'ouvre entre lui, sous le
nom d'Obreskow, et le plénipotentiaire Drake.

Une lettre de ce ministre, en date du 9 décembre 1804, exige la plus grande attention :

« Je viens de recevoir (dit-il) votre lettre
du 26 novembre ; et je m'empresse de vous
assurer, de la manière la plus formelle, que
je n'ai absolument aucune connaissance quelconque de la société de l'existence de laquelle
votre comité croit avoir acquis les preuves.

» Au reste, si le fait était avéré, et si vous
étiez pleinement convaincu que les vues et
le but que cette société se propose, sont d'accord avec les vôtres, je n'hésiterais pas à
vous exhorter à faire usage de toute votre
habileté et de toute votre discrétion pour
combiner vos opérations de manière, non-
seulement à ne pas mettre d'obstacles aux travaux et aux entreprises de cette dernière,
mais à les favoriser et à tâcher d'assurer ses
succès, qui (dans le cas que je suppose)
serviraient très-essentiellement à avancer la
réussite de vos propres desseins. Je suis per-

suadé qu'il ne sera pas très-difficile de faire goûter ces raisons à votre comité, en partant de la supposition sur laquelle je me fonde.

» Je vous répète, de la manière la plus précise, que je n'ai aucune connaissance de l'existence de cette société ; mais je vous répète aussi que si elle existe en effet, je ne doute nullement que vous et vos amis ne preniez toutes les mesures convenables, non-seulement pour ne pas embarrasser, mais pour aider sa marche. *Il importe fort peu par qui l'animal soit terrassé* : il suffit que vous *soyez tous prêts à joindre la chasse.*

» Les autres objets, dont vous me parlez, seront incessamment pris en considération, et j'aurai soin de vous faire passer les instructions nécessaires ; en attendant, je dois vous observer que je ne saurais prendre aucune résolution définitive, sans avoir un tableau plus clair, plus détaillé et plus circonstancié des ressources et des moyens, que la personne que vous qualifiez du titre de général et les chefs de votre association peuvent avoir, ainsi que de la manière dont ils peuvent les employer. »

Dans une lettre du 27 décembre suivant, il dit : « Les renseignements que vous me donnez sur la composition de votre comité, me suf-

fisent, et je ne desirerais connaître les noms
des personnes, qu'autant que vous auriez jugé
que cette communication pourrait se faire sans
entraîner aucun inconvénient, et sans risquer
de vous compromettre avec vos amis.

» Je ne conçois pas comment quelques
membres de votre comité ont pu imaginer
que nous n'avions pas le projet sérieux de
les aider à attaquer l'usurpateur, d'autant
plus que toutes vos instructions visent à ce
but : celle-ci et vos rapports des conversations
que vous avez eues avec moi, suffiront, j'espère, pour les désabuser. Vous savez que je
ne vous ai recommandé de diriger tous vos
soins vers les moyens d'acquérir la connaissance des projets de B., que par la conviction
intime dans laquelle je suis que c'est un des
moyens les plus efficaces pour sapper, dans
ses fondements, l'édifice de la puissance de
cet homme. Au reste, vous pourriez les assurer
de nouveau, que l'affaire principale sera
poursuivie de ma part sans relâche, et de la
manière la plus conforme à vos instructions ori-
ginales. Mais c'est à votre comité à déterminer jusqu'à quel point elles sont praticables,
d'après la situation des choses et les dispositions des personnes dans l'intérieur.

» Puisque j'ai touché ce sujet, j'ajouterai
par forme de réponse à un article d'un de
vos derniers bulletins, que je sais bien que
tout se décide au comité secret de Saint-
Cloud; mais que je sais aussi que les mesures
de détail et d'éxécution doivent nécessairement être confiées aux bureaux, et qu'ils sont
par conséquent en état de fournir des notions
très-précises sur ce qui se fait et sur ce qui
doit se faire, etc.

» Je n'ai aucune connaissance de M. Talon,
et je vous répète, à cette occasion, que quant
à moi, je ne suis lié à aucune agence de Paris,
excepté la vôtre. Je ne vous dis pas que je
n'y ai aucune correspondance; *il faut bien en
avoir pour être plus en mesure de constater
l'exactitude des rapports, en les comparant
les uns aux autres.*

» Votre comité pourra se servir du canal de
Jersey, pour transmettre ses avis directement
à Bordeaux, (Londres) de la manière que
vous indiquez dans votre lettre du 5, mais
seulement dans des cas essentiels; vous concevez bien qu'il serait imprudent de risquer
la perte de ce canal pour l'avenir, pour des
choses de peu d'importance. »

Le ministre Drake, dans une lettre du 27 janvier dernier, s'exprime en ces termes :

« Je vous ai prévenu, dans ma dernière, que le gouvernement consulaire avait conçu quelques soupçons sur l'existence d'une correspondance entre moi et l'intérieur de la France; c'est à cela qu'il faut attribuer l'insertion dans le Moniteur, n°. 115 de cette année, d'un article en forme de note à de prétendues nouvelles de Londres, du 2 janvier, marquant l'arrivée d'un courrier extraordinaire de Munich, le jour précédent : cette circonstance est de toute fausseté. Au reste, ce n'est pas la première fois que le consul employe cette manœuvre, puisqu'il en fit usage très-peu de temps après mon arrivée à Munich, comme on peut le voir dans le Moniteur, n°. 101, du premier janvier 1803. Il paraît qu'il n'a fondé ses soupçons que sur des bases très-vagues : il sait que pendant mon séjour en Italie, j'ai eu des liaisons avec l'intérieur de la France; et il croit qu'il en doit être de même à présent, d'autant plus que je me trouve être, dans ce moment, un des ministres anglais les moins éloignés de la frontière. On voit cependant que tout en voulant faire croire à l'existence de quelques intelligences entre

moi et les mécontents de l'intérieur, le gouvernement consulaire n'a pas même acquis le
plus léger indice qui puisse le porter à se
douter de notre correspondance, puisque, dans
ce cas, il n'aurait pas coupé le fil qui aurait
pu conduire à des découvertes ultérieures,
en faisant publier des articles qui doivent nous
mettre en garde et nous engager, au besoin,
à changer le canal de notre communication,
afin de dérouter ses calculs.

» Le moyen dont il s'est servi, pour faire
quelques découvertes en Allemagne, ne lui
a pas réussi, puisque je viens de recevoir
des avis positifs que l'émissaire, dont je vous
ai parlé, n'a pu se procurer la moindre lumière nulle part.

» Vous pouvez donc être parfaitement tranquille sur cet article.

» Je vous recommanderai, cependant, de
ne pas mettre la date ni l'endroit en encre
ordinaire dans vos lettres ou bulletins, mais
seulement en encre sympathique ; vous en
concevez la raison, sans que je m'arrête à
vous la déduire.

» Je suis extrêmement peiné d'apprendre
tous ces mouvements partiels et décousus,
dont vous me parlez ; et je partage votre con-

viction, qu'ils ne peuvent avoir d'autre effet que celui d'engager le gouvernement à un redoublement de vigilance, et le porter à des mesures de sévérité qui seront funestes à bien des honnêtes gens, qui auraient pu rendre de grands services, s'ils avaient été mieux employés. »

» Le sort du comité dont il est question dans votre lettre du 5, et l'existence duquel je n'ai su que par vous, servira sans doute à vous mettre sur vos gardes contre de faux frères, et doit vous engager à être très-circonspect quant aux personnes auxquelles vous confiez tout votre secret. Le grand art de conduire une opération pareille à celle dont vous êtes chargé, consiste à confier à un chacun précisément ce qu'il faut pour qu'il remplisse le rôle que vous lui assignez, mais rien de plus.

» Quant au desir que votre général a témoigné (d'après le bulletin n°. 13) d'avoir un apperçu de l'époque, quand il faudra s'ébranler, je vous répondrai qu'on se règlera à cet égard sur les notions qui seront reçues du progrès de vos opérations. D'après votre lettre du 25 décembre, vous vous proposez de faire

un éclat dans quatre départements à un jour
donné , mais je doute que cette mesure , si
elle est isolée, puisse produire un grand effet :
elle pourrait causer un moment d'embarras au
premier Consul , mais il me paraît impossible
qu'elle réussisse à la longue, si l'armée de B....
est disponible, ou si l'on ne s'est pas assuré
préalablement d'une bonne partie de ses
troupes.

» Je vous prie de me faire savoir sur quoi
on peut compter quant à ce dernier objet,
afin que je puisse régler mes idées et calquer
notre marche là-dessus : le point principal, à
mon avis , est de chercher à gagner des partisans dans l'armée ; car je suis fermement d'o-
pinion que c'est par l'armée seule, qu'on peut
raisonnablement espérer le changement tant
desiré ; je souhaite aussi ardemment que vous,
de voir arriver l'époque où l'on pourra se
montrer ; mais il faut que toute mesure soit ar-
rangée d'avance, afin d'être assuré que le coup
ne manquera pas , faute d'être préparé pour
tout évènement , et que nos moyens ne seront
pas dissipés à pure perte : il faudrait d'ailleurs
arrêter d'avance la marche que l'on doit suivre
aussitôt l'insurrection éclatée (pour ne pas

errer à l'aventure), en mettant les royalistes à
même de profiter des troubles que les répu-
blicains auront ainsi suscités.

Le 14 février, il écrit, toujours de Munich :

» Je vous répète encore une fois, et ce sera
pour la dernière, que je n'ai aucune agence
en France excepté la vôtre. Quant aux correspondants que je pourrais y avoir, je suis
parfaitement à mon aise sur leur compte, malgré tout ce que vous me dites de leur pro-
chaine arrestation, etc.

Je suis excessivement peiné de toutes ces
ridicules méfiances, qui, d'après votre rapport, commencent à percer dans votre comité. Vous tâcherez de les faire cesser avant
que de partir, et vous pourrez hardiment déclarer à vos amis de ma part, et de la manière
la plus solemnelle, que je n'ai aucunes con-
naissances des circonstances et des évènements
sur lesquels elles paraissent fondées. Au reste,
je vous prie de leur faire entrevoir qu'il sera
de toute impossibilité pour moi de travailler
efficacement avec eux, s'ils se laissent aller
à leurs soupçons à chaque nouvel incident
qui survient.

Il n'est pas nécessaire de m'envoyer la

8

quittance du comité, il suffira que vous l'apportiez avec vous. Je ne dois pas oublier de vous prévenir qu'il vous faudra, en partant de Châlons (Paris), prendre vos mesures pour pouvoir y retourner pour le cas que l'état de nos affaires puisse par la suite l'exiger.

Croyez-moi avec les sentiments de la plus parfaite estime ,

       Monsieur,

            Votre très-humble serviteur.

Il paraît que le Français qui correspondait avec le plénipotentiaire Drake, lui donna quelques renseignements sur la conspiration.

Sa réponse jète un jour bien précieux.

» Votre lettre du 10, m'est parvenue le 21, et celle du 13 vient de m'arriver dans le moment ; il est très-instant que vous vous rendiez ici le plutôt possible, puisque je ne saurais vous donner des instructions ultérieures , sans avoir été préalablement éclairé sur une infinité de points qui ne peuvent être discutés dans tous les détails que de vive voix. D'ailleurs, mon homme fait des difficultés quant au passage de nos lettres, et il nous faudrait établir le mode de communication dont je vous ai entretenu dans ma dernière.

« Je suis prévenu de tous les événements du
16 de ce mois, et je conçois bien que la police aura l'œil sur tous les voyageurs. Par conséquent, vous guèterez le moment propice,
afin de ne courir aucun risque. Je n'ai su que
par vous les détails relatifs à Georges, etc. Je
n'ai d'autre connaissance de ses projets que
celle que votre lettre m'a fournie ; mais si vous
avez les moyens de tirer d'embarras quelques-
uns de ses associés, ne manquez pas d'en faire
usage. Je vous prie aussi très-instamment de
faire dresser et imprimer sur-le-champ une
courte adresse à l'armée (officiers et soldats),
les interpellant de ne pas laisser périr Moreau,
leur frère d'armes, qui les a si souvent menés
à la victoire, comme victime de la rage et de
la jalousie du premier Consul. Vous pouvez
observer dans cette adresse que le mérite de
Moreau a, depuis long-temps, offusqué la
vue du petit tyran, et que le premier Consul,
pour se défaire de son rival, a choisi le moment de l'arrivée des nouvelles du malheureux
port de Saint-Domingue, afin de détourner
l'attention d'un désastre qui provient unique-
ment de sa mauvaise conduite. Vous ferez bien
de ne pas perdre un moment à faire cette petite adresse, et à la faire circuler par toutes

8.

les armées avec la plus grande diligence, etc ».

Drake n'est pas le seul agent de l'Angleterre dont la mission politique soit aussi odieuse.

Il en est un autre, placé dans les états de Wirtemberg, qui paraît également ne s'occuper, depuis son arrivée au lieu de sa résidence, que de moyens de séduction et de soulèvement.

Un rapport fait par le grand juge, ministre de la justice, au premier Consul, démontre qu'il était en correspondance avec un agent existant en Hollande, un autre soldé à Abbeville, dont les pièces ont été saisies, et avec un comité en activité près du ministère anglais.

On va voir l'intelligence qui régnait entre lui et Drake, relativement à la *conspiration*.

Le citoyen Rosey, capitaine au neuvième régiment d'infanterie de ligne, est mis au courant des motifs de la correspondance.

On l'instruit de ce qu'il doit dire et de ce qu'il doit faire, et, en qualité d'aide-de-camp du général français dont on avait parlé au plénipotentiaire, on l'envoie à Munich pour solliciter des fonds nécessaires pour soulever des départemens et s'emparer des places.

Dix mille cent quatorze livres dix-sept sous

six deniers, en papier sur Paris, sont remis
à l'aide-de-camp.

Une lettre est écrite à M. Smith, à Stutgard,
pour qu'il s'occupe de ramasser de son côté le
plus de fonds qu'il pourra, etc.

Une autre est confiée à l'aide-de-camp, pour
le général, au nom duquel on avait annoncé
les plus grandes espérances.

On y lit :

« Puisque le général montre une telle confiance dans ses moyens ; puisqu'il croit que le
moment présent est singulièrement propice
pour commencer les opérations ; puisqu'il est
d'opinion que si on le laisse échapper, des circonstances également favorables ne se trouve-
ront plus, l'Ami d'ici ne peut qu'obtempérer
à ses desirs, en lui promettant toute l'assistance qui dépend de lui. L'Ami doit nécessairement abandonner les détails d'exécution au
général qui est sur les lieux, et qui est plus
intéressé que tout autre à ce que les mesures
soient bien préparées et bien combinées, que
le but ne soit pas manqué. Il observera cependant qu'il est de la plus haute importance qu'on
s'assure, le plutôt possible, d'une place sur la
frontière de la France et de l'Allemagne, afin
que l'Ami puisse avoir une communication libre, prompte, active et sûre avec le général,

pour la transmission de ce qui pourrait devenir nécessaire par la suite. Huningue sera la
place la mieux située pour cet effet, d'autant
qu'elle est assez rapprochée du champ des opérations principales.

» Il faudra du moins établir des hommes affidés de six lieues en six lieues, depuis Besançon jusqu'à Fribourg, pour porter et repor-
ter des avis.

» La toute première opération paraît devoir
être la saisie de Besançon, qui servira comme
place d'armes, et, en cas de malheur, de place
de défense. Dans ce dernier cas, une partie
des insurgés pourra se jeter sur les Cévennes
et les montagnes de l'ancien Vivarais, et s'y
soutenir pendant long-temps, pourvu qu'on
lui ménage une communication sûre pour recevoir des secours pécuniaires, soit par Huningue, soit par Bâle et la Suisse. Après s'être
rendu maître de Besançon, etc., et avoir in-
surgé les provinces voisines, on ne doit pas
perdre un seul moment à agir dans Paris même.
Tout doit être préalablement préparé et disposé là, au premier instant de cet embarras et
de cette consternation du Gouvernement actuel, lorsqu'il apprendra les mouvements dans
les provinces.

» Puisqu'il est bien constaté qu'une très-grande partie de l'armée, tant officiers que soldats, est très-mécontente de l'arrestation de Moreau, il est naturel que le général la satisfasse à cet égard, afin de s'assurer de leur aide dans le moment critique. Le général ne peut que s'appercevoir qu'il lui sera de la plus haute importance et de la dernière nécessité même, d'adopter pour principe général de profiter de l'assistance des mécontents quelconques, et de les réunir tous, pour le premier moment, de quelque parti qu'ils soient, en déclarant que le grand but de l'insurrection étant de mettre fin à la tyrannie qui pèse sur la France et sur l'étranger, tout ce qui est ennemi du Gouvernement actuel sera regardé comme ami par les insurrectionnels, étant très-instant d'ailleurs que toutes les démarches des insurrectionnels soient de la plus grande discrétion, sur-tout envers les partisans du Consul, afin de ne pas réveiller les frayeurs de ce grand nombre de personnes qui se souviènent encore des maux qu'elles ont soufferts à plusieurs époques de la révolution. Le système pourrait être annoncé dans la première proclamation par deux mots : *Liberté et paix pour la France et pour le monde.* Ces réflexions

sont spécialement recommandées à la considération du général, puisqu'une conduite
opposée ne pourra pas manquer d'effaroucher
le public en général, et par conséquent d'engager le plus grand nombre à se réunir au
Gouvernement actuel, tout détesté qu'il est,
plutôt que de s'attirer une répétition de scènes
révolutionnaires dont le souvenir est encore
frais dans leurs esprits.

« L'Ami doit aussi prévenir le général qu'il
a acquis la certitude que l'arrestation de
Moreau a excité un mécontentement général
et très-prononcé en Alsace. Ce général ayant
un grand nombre de partisans dans cette con-
trée, on pourrait tirer un grand parti de cette
dissension, en agissant d'après les bases qui
vièvent d'être indiquées.

« Quant aux secours pécunaires, l'Ami aurait desiré que le général lui eût présenté
un apperçu de ce qui lui sera nécessaire pour
les premiers mouvements, ainsi que de ce
qui pourrait le devenir par la suite ; l'Ami
doit prévenir le général que cette ville n'é-
tant pas une ville de commerce, il est toujours difficile, et souvent impossible d'y trouver des lettres de change sur Paris, (surtout
des lettres à courte date ;) l'Ami est presque

toujours obligé d'en faire chercher loin d'ici quand il en a besoin. Le général aura donc la bonté d'instruire l'Ami sur-le-champ comment cet objet pourrait être arrangé, en lui marquant les sommes qui lui sont nécessaires, auxquels elles doivent être fournies, par quel canal on doit les transmettre, et si les remises doivent être faites en lettres de change sur Paris, ou en espèces sonnantes. Dans ce dernier cas, on pourrait encore envoyer à l'Ami quelqu'un de confiance, muni d'une autorisation pour les recevoir et pour les porter directement soit à Paris, soit à Besançon, selon les besoins; mais il faut observer qu'il ne sera possible de ramasser une forte somme tout à la fois ni en lettres de change, ni en espèces : il est donc de toute nécessité que l'on indique le plus précisément que faire se pourra les époques auxquelles l'argent sera nécessaire, pour qu'on ait le temps d'en faire la provision; aussitôt que l'Ami aura les indications à cet effet, il prendra les mesures pour que les sommes dont on aura besoin soient déposées chez une personne sûre à Offembourg, à Stutgard et dans quelque autre ville plus rapprochée des frontières, qui les délivrera à celui qui sera envoyé par le général, à moins que le général ne trouve bon de stationner une personne à lui et dans laquelle il ait une confiance illimitée, à poste fixe, dans une de ces villes, (ou mieux encore à Fribourg en Brisgau) expressément pour soigner cette partie, ce qui serait peut-être le plan le plus convenable.

On suppose que le général trouvera quelques fonds dans les caisses de l'état, dont il s'emparera: mais dans le cas (possible) qu'on en ait besoin dans l'instant, avant que les remises arrivent, on pourrait remettre des bons payables au porteur, dans les termes de quinze jours ou trois semaines : les remises arrivant avant l'échéance de ce terme, on les acquittera dèslors, et l'exactitude à remplir ses engagements ne manquera pas de donner un grand credit aux insurrectionels. Il y a une infinité de détails qu'on ne peut pas toucher dans cette lettre, puisque l'on ne veut pas retenir le voyageur plus longtemps, mais il en sera instruit de bouche.

De nouvelles instructions sont données au capitaine Rosey, qui retourne à Munich.

Une somme de 14976 livres lui est remise ; il est envoyé à Stutgard, auprès du ministre Spencer Smith, qui lui donne 113150 livres en lettres de change, et promet de faire passer ce dont on aura besoin.

Drake écrit une dernière lettre au général, par laquelle il lui dit, entre autre choses :

» Je suis bien charmé d'apprendre que le comité soit d'accord avec moi, quant à l'idée de réunir tous les mécontents sous quelques enseignes qu'ils ayent marché jusqu'ici. Comme les vues que vous annoncez sont entièrement conformes aux miennes, et me paraissent devoir parfaitement remplir l'objet de cette conduite, je n'ai pas besoin de m'étendre davantage sur ce point.

Je suis de plus en plus convaincu de l'extrême importance du poste d'Huningue pour vos opérations, puisque, si les autorités constituées de Bonaparte, et le militaire qui se trouve entre la ligne principale de vos opérations et la frontière de Suisse ou d'Allemagne, sont contre vous, il vous sera extrêmement difficile de tirer les secours pécuniaires de Fribourg, et de les faire arriver à Besançon, puisque dans un pareil moment d'alarme et d'embarras, il est à présumer que les routes seront obstruées, et qu'aucun voyageur ne pourra passer.

» La communication la plus courte avec

Fribourg sera de Béfort, qui est sur la droite de
la ligne que vous vous proposez d'occuper, en
passant ou par Bâle et la frontière de la Suisse,
ou par la frontière de l'Alsace; or, si vous
trouviez des ennemis sur l'une ou l'autre de
ces frontières, le passage deviendrait impra-
ticable pour vos envois; sous ce point de vue
donc, la possession d'Huningue me paraît
indispensable, puisque vous n'aurez par là que
le Rhin à passer pour arriver sur la rive droite
de ce fleuve, passage qui vous sera assuré, puisqu'il se trouve sous le canon même de la ville
d'Huningue.

Mais si vous croyez que l'entreprise sur Huningue pourrait manquer, si même vous n'êtes
pas à peu près sûr qu'elle réussira, je ne voudrais
pas qu'elle fût tentée, parce qu'il est de la dernière importance, je dirai même de la dernière
nécessité, qu'aucune de vos opérations premières ne viène à manquer, puisqu'un pareil
contre-temps jèterait de la défaveur sur tout
votre projet, encouragerait le gouvernement
actuel, ferait naître l'idée à vos amis et à vos
ennemis que vos moyens sont faibles, exciterait
peut-être des doutes parmi vos partisans et dé-
couragerait ceux qui sont disposés à se joindre
à vous. Il se peut encore que vous regardiez

Huningue comme un peu trop éloigné du
siège principal de vos opérations, et il faudra
bien se garder de vous affaiblir, en donnant trop
d'étendue à votre ligne.

» Il est fort à désirer, si cette entreprise se
fait, qu'elle se fasse entièrement du coté de la
France; et je ne vois pas comment vous pourriez la faire du coté de l'Allemagne, puisque
dans ce cas il faudrait passer le Rhin deux fois.
Vous êtes apparemment dépourvu de pontons
et de bateaux, et comment passeriez-vous
cette rivière ? Il faut de toute nécessité entrer
dans la ville par les portes de France, et je ne
puis pas deviner quelle utilité vous pourriez
tirer du passage de vos gens sur le territoire
d'Allemagne. Au reste, je ne peux pas vous
conseiller de commencer vos opérations par
une violation de territoire.

Ce sera donc à vous et au comité à peser tous
les avantages et tous les inconvenients de cette
entreprise, soit qu'elle réussisse ou qu'elle ne
réussisse pas ; et je ne doute pas que votre décision sur ce point important ne soit pour le
mieux ; mais dans le cas que vous vous déci-
diez à ne pas la tenter, il faudrait alors penser
à s'assurer d'une autre voie sûre de communication avec Fribourg.

» Quant aux pays qui environnent les villes
que vous m'avez indiquées, je n'ai pas besoin
de vous faire observer que leur occupation
demandant la présence d'une partie de vos
forces, il ne serait pas convenable de vous
affaiblir, en faisant des détachements pour cet
objet, qu'autant que ces pays seraient absolument nécessaires à la marche de vos principales opérations militaires, soit par la position ou par les secours en approvisionnements
qu'ils offrent.

» Il ne faut pas penser à la citadelle de Strasbourg ; elle est trop éloignée du pays où vous
agirez, et d'ailleurs il ne nous faut pas entreprendre au-delà de nos moyens.

» Pour ce qui regarde le moment propice,
pour commencer votre attaque, j'aurais dé-
siré qu'il fut différé de quelques semaines,
afin que j'eusse plus de temps pour faire les
dispositions nécessaires de mon côté : mais je
sens vivement la force des motifs qui vous
engagent à agir promptement et sans délai,
et je suis entièrement d'accord avec vous,
que si vous laissez sacrifier Moreau à la haine
et à la jalousie du premier Consul, vous per-
drez par là l'assistance de ses nombreux partisans. Je vous conjure cependant de ne pas

vous montrer le moins du monde, avant que vos mesures ne soient toutes préparées et en règle ; tout doit être calculé, combiné et arrêté d'avance, afin que le masque une fois levé, on n'erre pas à l'avanture ; que chacun sache exactement son poste et ce qu'il a à faire, et que le premier coup parti, on agisse d'abord partout, c'est surtout à Paris même, pour ne pas laisser au gouvernement le temps de se remettre de sa première stupeur.

« Quoique vous ne me parliez pas des progrès que vos agents ont faits dans leurs tentatives pour gagner des partisans dans l'armée, je dois supposer que ces tentatives ont complètement réussi, et que vous vous êtes assuré d'une puissante diversion de ce côté là, puisque sans cette aide, vos opérations seront bornées à faire insurger trois ou quatre départements, ce qui ne pourrait guères réussir qu'à la longue, en supposant que le premier consul conserve assez de pouvoir sur ses troupes pour les faire marcher contre vous. Votre aide de camp cependant, m'assure que toutes les mesures sont déjà préparées assez à cet égard, et dans le cas qu'elles soient déjà suffisamment mûries, on pourrait en augmenter l'effet, en proposant aux soldats un petit

surcroît de paye au-delà de ce qu'ils re-
çoivent du gouvernement actuel.

Quel est l'homme de bonne foi qui puisse ,
d'après des pièces aussi claires et aussi expres-
sives , révoquer en doute que le cabinet britannique est l'ame de la conspiration ?

Non, personne ne s'y trompera ; ce n'est
pas l'intérêt des Bourbons qui le dirige , il ne
les pensionne que pour s'en servir comme d'ins-
truments de haine et de perversité.

C'est la consolidation du Gouvernement
français qui l'irrite.

Ce sont les sentiments de reconnaissance ,
d'admiration et de vénération , dont la France
entière est pénétrée pour le premier Consul,
qui l'accablent.

Tous ses vœux sont pour que les Français
s'entr'égorgent.

Il n'a distribué des poignards pour assassiner le premier Consul, que parce qu'il sent
fortement la puissance irrésistible de sa gloire
et de ses vertus , même chez les nations
étrangères.

TROISIÈME POINT.

*Tous les individus écroués en vertu de man-
dats d'arrêts , sont auteurs ou complices
de la conspiration , ou coupables de recellement de conspirateurs , au mépris de la
loi du 9 ventôse an 12.*

C'est en examinant successivement la conduite de chacun de ces individus, que cette
vérité va s'établir.

GEORGES CADOUDAL.

Il est né à Brech , département du Morbihan.
A peine avait-il fini ses études à Vannes,
lorsque la révolution commença.

Il est passé dans la Vendée, aussitôt que les
troubles de l'Ouest éclatèrent.

Il n'y eut pas de grade distingué.

La déroute du Mans le décida à revenir
dans son pays.

Lors du passage de la Loire , il contribua à
la formation de quelques rassemblements.

L'ex-comte de Silz qui commandait les révoltés , fut tué dans une action qui eut lieu à

9

Grandchamp; cet évènement commença à dé-velopper son caractère.

A l'affaire de Quiberon, on le vit à la tête d'un corps de paysans armés pour faciliter le débarquement.

On le vit ensuite chouanner avec ceux qui avaient échappé dans cette journée.

Le corps dont il était le chef, se soutint à l'aide d'armes, munitions et d'argent que procura Puisaye.

Ce commandant s'étant retiré à Londres, Georges Cadoudal le remplaça jusqu'à la pacification.

Il alla alors en Angleterre, et eut des relations avec le Gouvernement.

Les ci-devant princes français lui donnèrent la croix de Saint-Louis et le cordon rouge.

Il revint en Bretagne quelque temps avant la dernière insurrection qui eut lieu en brumaire, an 8.

Après s'être battu, il fit une trève, pendant laquelle il s'occupa de plusieurs débarquements de fusils, sabres, pistolets, canons, obus, munitions, argent et habillement.

Il s'enorgueillissait de ses dispositions, lorsque l'arrivée en Bretagne du général Brune

avec des forces supérieures l'obligea de mettre bas les armes.

Malgré la pacification, il écrivit et signa
l'acte suivant :

» Nous général commandant les départements
d'Ile-et-Vilaine, des Côtes-du-Nord, du Finistère et du Morbihan, en vertu des pouvoirs
à nous transmis par son Altesse royale Monsieur,
frère du roi, nommons monsieur Pierre Guil-
lemot, adjudant-général commandant des lé-
gions de Vannes, d'Auray, de Mohon, et
celle aujourd'hui sous ses ordres. Nous l'auto-
risons à y nommer un officier pour l'y remplacer. Nous le chargeons de les diriger en
grand et de les disposer de son mieux à l'insurrection. Il correspondra pour celle de Vannes
avec Hervé qui en est le major; pour celle
d'Auray avec *Rohu*, et pour celle de Mohon
avec Troussier. Il donnera à tous ses officiers
l'ordre exprès de ne pas commettre la moindre
hostilité, avant le moment propice qu'on leur
désignera.

» Donné au quartier-général, ce 8 juillet,
1800 ».

Il était tout à-la-fois général en chef et tré-
sorier des fonds envoyés par l'Angleterre
pour soudoyer les rebelles, de ceux volés aux

9.

diligences, et de ceux exigés sous peine de mort, notamment des acquéreurs de domaines nationaux.

On ignore s'il était à Paris à l'époque du 3 nivôse an 9 , mais on ne peut douter qu'il ne fût un des chefs de la conspiration qui éclata dans cette journée.

C'est lui qui, le 28 frimaire an 9 , quatre jours avant le 3 nivôse, écrivait en ces termes à Pierre Robinault St.-Réjant, dit Pierrot, dit Soyer, qui a mis le feu à la machine infernale, et qui a été condamné à mort:

« Mon cher Soyer, je reçois de tes nouvelles par tes deux amis. Pour toi, tu n'a pas encore appris à écrire. Hélas! les quinze jours sont passés ; les événements s'avancent d'une manière effrayante ; si les événements continuent, je ne sais ce que nous deviendrons tous. En toi seul est toute notre confiance et toute notre espérance. Tes amis se rappèlent à ton souvenir et te recommandent leur sort. Adieu, ton sincère ami. »

Ce billet est signé, GÉDÉON.

Au-dessous est écrit : nous attendons à tous les couriers de tes nouvelles.

Une vérification légale a établi qu'il était réellement l'auteur de cet écrit, qui fut le signal d'ordre donné par le chef des conjurés.

Le 26 nivôse an 9 , il écrivit la lettre suivante , qui n'exige pas moins d'attention.

« Mon cher comte , je viens de recevoir
votre lettre du 10 décembre ; elle n'est pas
fort consolante , sur-tout après celle dont
vous aviez chargé P.

» Dans la première , vous donniez pour
ainsi dire des certitudes , et dans celle-ci vous
ne donnez que de faibles espérances ; vous
devez sentir cependant que notre position demande du positif , et cela promptement. Nous
sommes ici à chaque minute exposés aux
poignards des assassins. Notre devoir , les
instructions reçues , et l'espérance de voir encore se renouer quelque chose , nous y re-
tiènent; pas un de nous n'en bougera avant
de recevoir des ordres : vous devez juger avec
quelle impatience nous les attendons.

» Je ne vous parlerai pas de la position des
armées de l'Autriche , ni de l'armistice exis-
tante entre elles et celles de la république ;
seulement je vous observerai que tout annonce
ici la paix comme assurée , et d'après les ap-
parences cette fâcheuse nouvelle n'a malheureusement que trop de fondement. Dans le
cas où elle se confirmât , de quels moyens
veut-on que nous nous servions pour conser-

ver encore au roi des sujets fidèles dans l'Ouest?
Après y avoir mûrement réfléchi , voici les
deux seuls moyens que je crois les plus propres à parvenir à ce but. (Je suppose la paix
faite avec l'empereur et que les puissances du
Nord ne se déclareront pas contre l'usurpateur). Premier moyen : obtenir du gouvernement britannique de prendre à son service ,
sur le pied des régiments anglais, deux à trois
régiments de royalistes de l'intérieur. On com-
poserait ces corps des hommes les plus datants
dans toute la Bretagne , et dès que les circonstances leur permettraient de s'y jeter , il est
hors de doute qu'ils parviendraient à insurger
cette province ; mais les chefs , avant de faire
cette démarche , exigeraient du gouvernement
la promesse formelle par écrit que ces corps
ne seraient point licenciés , quels que fussent
les événemens. Si les circonstances ne per-
mettaient pas au gouvernement britannique
d'adopter le premier moyen , qui est sans
contredit le plus sûr, voici le second qui peut
aussi réussir, mais qui offrira bien des difficultés aux acteurs.

» Permettre aux chefs de légion et même
à quelques adjudants généraux tous dévoués,
qui ne sont pas encore extrêmement compro-

mis, de s'arranger avec l'usurpateur, d'en obtenir des sûretés qui leur permettent de vivre
tranquillement dans leur pays, et les met-
tront à même de communiquer librement avec
leurs officiers fidèles, qui, d'après les instructions qu'ils en recevront, maintiendront
certainement ce pays. Que son Altesse royale,
Monsieur, adopte dans sa sagesse celui de ces
moyens qu'il croira le plus convenable : mais
je vous en prie, mon cher comte, de vous
empresser de nous faire connaître celui qu'il
aura choisi. Dans tous les cas, prévenez, je
vous en prie, son Altesse royale que je serai
obligé de faire banqueroute, si dans vingt-
cinq jours au plus tard je ne reçois quatre
mille louis. On m'avait promis cette somme
par mois, sans comprendre Bt. qui me coûte
aussi infiniment, et depuis que je suis rentré,
je n'ai reçu que 4000 livres.... Sur-tout réponse en poste ; vous sentez notre position.
Si on n'adopte pas le premier moyen, je me
verrai forcé de passer avec cinq à six officiers.
Je me flatte qu'on leur accordera un traitement
honnête. Réponse positive à cet article..

   » Mes commissaires sont de retour de C. :
d'après leurs rapports, je ne réponds pas absolument du succès..... mais j'ai de grandes

espérances de réussir.... les évènements per-
mettant de donner de l'enthousiasme. Vous
savez l'expédition dont parle la lettre du général Maitland que j'ai laissée à son Altesse
royale. J'ai pris les mesures les plus justes
pour la faire réussir : la garnison est presque
toute composée d'hommes à moi. Soutenu des
voltigeurs, et sans peut-être être soutenu de
forces étrangères, je pourrais tenter cette
opération. Si elle réussissait, elle nous met-
trait à même d'attendre les évènements; nous
recrutons considérablement. Il faudrait seulement être protégé par les voltigeurs et soldé par
le Gouvernement. Surtout décision prompte :
vous n'ignorez pas que la grande correspondance a éclaté maladroitement : elle est heureusement renouée...... Je la presse d'agir ;
mais les fonds ne sont nullement suffisants......
J'ai vu les seconds de C. et de D....., ils sont
bien intentionnés, et ils comptent beaucoup
sur leur pays. Anne tergiverse toujours ; je
crains qu'elle n'ait perverti B....t; on le dit
à Paris prêt à faire la courbette........ Toutes
ces démarches sont heureusement décorées de
beaux prétextes. C'est par de tels moyens
qu'on doit parvenir au véritable but : moi et
bien d'autres nous pensons autrement.

» Si on est forcé d'adopter le second moyen, pour le faire réussir, il faudra que j'aye quelques fonds disponibles à remettre aux officiers restants pour l'instruction de leurs subordonnés les plus capables et les plus fidèles.

» J'espère que la grande correspondance jouera encore bientôt.

» J'ai l'honneur d'être, avec la plus haute estime et la plus parfaite considération, votre très-humble et très-obéissant serviteur ; elle est signée Georges. »

C'est au comte de la Chaussée, à Londres, que cette lettre était adressée.

Une de la même date et sous la même enveloppe, écrite au ci-devant prince de Bouillon, par Georges, ne permet pas d'en douter.

Elles ont été trouvées dans le porte-manteau d'un nommé Lemercier, second de Georges, tué la nuit du 30 nivôse an 9, dans une rencontre près de Loudeac.

Lorsque Georges y parle d'espérance de voir encore renouer quelque chose, il est clair qu'il s'agit d'un nouveau plan.

C'est de Brest dont il y est question pour la dépense.

On ne pouvait y avoir des intelligences,

pour tâcher de faire livrer cette place, sans
de grands sacrifices.

C'est à Belle-Isle que des agents avaient été
envoyés par lui pour embaucher, et avaient
été arrêtés.

Lorsqu'il dit que la grande correspondance
a maladroitement éclaté, et qu'elle est heureusement renouée, il est de toute évidence
qu'il est question de la machine infernale.

Sauvé en Angleterre, il y médite avec les
chefs de ce gouvernement, avec tous ses
complices échappés au glaive de la loi, avec
les intimes des ci-devant princes français,
avec Pichegru et ses adhérents, les plans d'assassinat du premier Consul et de renversement
du Gouvernement français.

C'est lui qui avait fait partir en avant Picot
et Lebourgeois.

C'est également lui qui avait fait partir
Roger, dit Loyseau, qui est passé par la Bretagne pour remplir la mission qui lui avait été
confiée.

C'est lui qui était en relation avec les émissaires envoyés dans l'Ouest, et surtout avec
Debar, qui lui écrivait, le 12 novembre
1803 :

Général ,

» Je travaille sans cesse à voir les individus les plus propres à l'opération dont nous avons parlé ; je les trouve très-apathiques et très-allarmés des surveillances et des recherches que l'on fait sur le compte de chaque voyageur arrivant à P.... et dans les environs ; ces comptes que l'on prend sur eux dans la commune dont ils sont partis, etc., etc.; enfin, votre dernière résolution sur cet objet.

» Je ne douterai jamais de former un noyau d'insurrection au moment favorable, malgré l'indifférence du clergé et de la noblesse : un prince, avec une force imposante, enlèvera toujours la nation entière, ce que cent mille royalistes réunis ne pourront faire; alors je crois voir déjà que je pourrai préalablement fournir un petit contingent.

» Quand j'aurai fini ma mission, si je ne reçois de nouveaux ordres de vous, je me rendrai au lieu d'où je suis parti. Les rhumatismes me tracassent grandement; j'irai jusqu'à tomber sur les dents. Ne doutez jamais de mon zèle, de mon attachement et de mon dévouement. Salut d'amitié respectueuse,

Signé, Gaspard.

» *P. S.* J'emploie le plus utilement possible la petite somme que vous m'avez confiée ; je ne la ménage pas ; aujourd'hui on ne peut rien faire sans beaucoup d'argent.

Cette lettre porte pour suscription : *Au Papa.*

Georges Cadoudal a fait, comme il a été annoncé, partie d'un débarquement effectué à la falaise de Beville, le 21 août dernier.

Il était à Paris, au moment où Debar lui écrivait. Il y était venu par une des lignes sur lesquelles des stations avaient été disposées par Jean-Marie, dit Lemaire, arrivé par Boulogne sur un paquebot, dans les premiers jours de prairial, et par Raoul Gaillard, dit Saint-Vincent, venu en France par Hambourg, qui, après avoir été secondés par Bouvet et d'autres initiés, étaient retournés en Angleterre.

La première de ces stations, à partir de Béville, était à Guillemecourt, chez Pajot.

La seconde, commune de Saint-Remy, ferme de la Poterie, hameau d'Hautelimont, chez les Détrimont ;

La troisième, à Preusseville, chez Loizel :

Là, se forment trois lignes particulières, en direction sur Paris.

A gauche, la quatrième station était à Aumale, chez Monnier ;

La cinquième, à Feuquières, chez Boniface Colliaux ;

La sixième, au Monceau, commune de St.-Omer, chez Leclerc ;

La septième, à Auteuil, chez Quentin Rigaud ;

La huitième, à Saint-Lubin, commune de Remonville, chez Jean-Baptiste Massignon, et à Jouy-le-Peuple, chez Nicolas Massignon ;

La neuvième, à Saint-Leu-Taverny, chez Lamotte ;

A prendre au point d'embranchement, ligne du milieu. La quatrième station était à Gilles-Fontaine, chez la veuve Lesueur ;

La cinquième, à St.-Clair, chez Daché ;

La sixième, à Gournay, chez la veuve Caqueray ;

A remonter toujours audit embranchement, la quatrième station était à Forges et à Roncherolles, chez les Gambu ;

La cinquième, à St.-Crépin, commune de Lorlot, chez Bertengles ;

La sixième, à Estrepagny, chez Damón-ville et son fermier ;

La septième, à Vauréal, chez Bouvet, dit Larivière ;

Et la huitième, à Aubonne, dans une maison confiée par un des affidés à Hyvonnet.

C'est la ligne à gauche, en partant de la falaise, que Georges avait suivie.

Joyaux, dit Villeneuve ; Jean-Marie, dit Lemaire ; Raoul-Guillaume, dit St.-Vincent ; Querelle, La Bonté, Picot, et Troché fils, étaient débarqués avec lui.

Charles d'Hozier et Dessoles étaient venus au-devant de lui et de ceux qui l'accompagnaient jusqu'à St.-Leu-Taverny.

Il était monté avec Joyaux, Jean-Marie, dit Lemaire, et Dessoles, dans une voiture que d'Hozier avait conduite en cocher.

Il avait logé, dans les premiers jours, chez Denand, marchand de vin, rue du Bacq, au coin de celle de Varennes, où Desol avait été placé, depuis environ quinze mois, par Charles d'Hozier.

Cette maison était le rendez-vous de presque tous les affidés.

C'est vers ce temps qu'il l'a quittée, pour

aller habiter, quai de Chaillot, une maison,
n°. 6, que Bouvet avait fait louer.

Il demeura ensuite rue de Carême-Prenant,
n°. 21, dans un logement loué à l'instigation
de Spin un des agents de Charles d'Hozier,
par la femme Dubuisson, sous le nom de
femme Berry.

Ce Spin avait présidé à l'arrangement du
local, avait eu l'attention d'y travailler seul à
la construction d'une cache, qu'il prévoyait
pouvoir être utile à Georges Cadoudal et aux
autres conjurés.

Des motifs de crainte determinèrent sans
doute Georges à abandonner cette habitation,
pour en choisir une près du jardin des Plantes,
rue du Puits-l'Hermite, n°. 8, chez Verdet.

Il y était encore, lorsque Picot, son domestique, arrêté le 18 pluviôse dernier chez Denand, tira un coup de pistolet, pour tâcher
de s'évader et pour donner le signal aux conspirateurs.

Il se hâta d'abandonner cette retraite et d'en
faire chercher une autre ; Charles d'Hozier lui
en céda une, trouvée pour lui par la fille
Hizay, rue et montagne Sainte - Geneviève,
maison n°. 32.

C'est là qu'il était encore avec Joyaut et

Burban , deux de ses complices , lorsque , le 18 ventôse , se disposant sans doute à cher-cher un autre asyle , parce qu'il s'était ap-perçu qu'il était cerné de toutes parts, il monta , armé de pistolets, muni de cartouches et d'un poignard, dans un cabriolet conduit par Léridant.

A peine y fut-il , qu'il entendit des cris qui le signalaient. Il commanda à Léridant de fouetter et d'aller au hasard , et le plus vîte possible.

Poursuivi par les agents de la police qui étaient partout en embuscade , deux se pré-cipitèrent sur le brancard du cabriolet , rue de l'Égalité , près celle des Quatre-Vents. Il tenait ses deux pistolets armés : il dirigea le premier coup à droite sur l'un d'eux , nommé Buffet , qui fut tué.

Descendu , il tira son second coup sur l'au-tre agent , nommé Caniolle , qui reçut la balle dans les viscères du côté gauche.

Deux officiers de paix le saisirent par de-vant , l'un à droite et l'autre à gauche.

Plusieurs citoyens le saisirent en même-temps par derrière.

Une grande réunion de forces se forma

bientôt. Il fut conduit à la préfecture de police.

Traduit à l'instant même devant le magistrat chargé de l'instruction, il déclara, comme
on l'a vu, qu'il était à la tête de la conspiration.

Il a reconnu pour être anglais, et lui appartenir, un poignard trouvé sur lui.

Il a assisté de sang froid à la reconnaissance
du corps de l'agent qu'il avait assassiné.

Les déclarations des témoins de son crime
ne l'ont point intimidé.

Il a répété qu'il était vrai qu'il avait tiré
deux coups de pistolet, et qu'il était possible qu'il eût donné la mort à l'individu dont
le corps lui était représenté.

Il eût assisté sans aucun frémissement aux
opérations des officiers de santé, pour extraire la balle, afin de vérifier le calibre,
et de savoir si elle n'avait pas été mâchée.

Il entendit avec sang froid la lecture du
rapport fait par ces officiers, relativement à
l'assassinat de l'autre agent.

La férocité de cet homme avait droit d'étonner, autant que l'audace de la conspiration à
laquelle il appartenait.

Inutile, sans doute, de s'occuper en ce mo-

ment de toutes ses relations avec les sicaires
soudoyés par l'Angleterre , arrivés aussi pour
l'assassinat du premier consul , et le renversement du gouvernement.

Ses aveux sont assez expressifs. Sa présence
à Paris parle assez haut. Il en sera question
d'ailleurs, à mesure qu'on s'occupera des conjurés qui correspondaient avec lui.

Il n'en est qu'un dont il puisse être question dans cet instant ; c'est l'ex-général Pichegru , qui, comme si le crime avait aussi quelquefois sa justice , ne voyant plus que l'image
de ses trahisons, et que la masse accablante des
preuves de ses forfaits , s'est suicidé tour du
Temple.

C'est Georges qui a été au-devant de cet
homme infâme, qui conspirait contre son pays,
dans le moment où il était élevé aux plus
hautes dignités , et y recevait les témoi-
gnages du plus grand attachement ; de cet
homme, dont le tableau des faits , mis sous
les yeux du tribunal , présente avec modé-
ration la série des crimes , jusqu'à l'instant
où il revenait en France pour se mettre à
la tête des brigands qui devaient y allumer
la guerre civile.

L'union de ces deux hommes devrait étonner l'Europe entière , si leur turpitude , déjà connue , ne se trouvait pas aujourd'hui entièrement dévoilée.

On ne peut le contester , puisque des témoins respectables l'ont unaniment attesté , et que des conjurés l'ont eux - mêmes déclaré.

Pour être plus en mesure d'exécuter le plan infernal qu'ils avaient adopté , ils ne se sont pas contentés d'avoir des agents actifs , intelligents et initiés. On les a vus habiter ensemble maison de Chaillot , et à Paris , rues de Carême-prenant , et du Puits-de-l'Hermite.

La crainte seule des foudres de la justice les avait séparés ; on les a saisis dans les mêmes déterminations , tous deux armés de pistolets , tous deux armés d'un poignard pareil , fabriqués en Angleterre , qu'ils avaient reçus du gouvernement britannique , par la main des ci-devant princes français.

L'existence à Paris de ces deux chefs de brigands , leurs relations , leurs réunions dans les mêmes domiciles , effaceraient tous les doutes sur la conspiration , s'il pouvait en être resté.

Ils le seraient encore par le contact de ces deux chefs avec les autres conjurés.

Ses aveux sont clairs. S'il a mis en avant

10.

un fanatisme d''opinion, c'est sans doute pour
tâcher d'affaiblir les sentiments d'indignation
et d'horreur que ses crimes inspirent.

BOUVET DE LOZIER.

C'est un ancien officier , qui a été mis
sur la liste des émigrés.

Il s'est rangé à Londres sous l'étendart de
ceux qui conspiraient contre la France.

On savait qu'il pouvait rendre de grands
services en France ; on l'y envoya , avec le
grade d'adjudant général de l'armée royale.

Il s'occupa de disposer les esprits.

C'est lui qui recevait la correspondance anglaise. Picot le déclare formellement.

C'est lui aussi qui a fait préparer une partie des stations pour les conjurés.

Il a fait louer , par la dame de Saint-
Léger , la maison de Chaillot , n°. 6 , où
Georges a demeuré.

Le concierge choisi n'y est entré que de
son aveu.

Il a fourni l'argent pour payer six mois
d'avance.

Il a été fréquemment y voir Georges Cadoudal, Pichegru , et les autres conjurés qui ont pu y loger ou y venir.

Picot dit que c'est lui qui devait aller au-devant du prince.

Il n'a pas contesté ses relations avec les conspirateurs , dont plusieurs l'ont reconnu. Il a été arrêté le 19 pluviôse , dans une maison rue Saint-Sauveur , n°. 36 , où il a un logement.

On a arrêté en même-temps la femme Verdet , chez laquelle se trouvaient encore logés Georges et autres conjurés , rue du Puits-l'Hermite , près le Jardin-des-Plantes. Elle lui apportait , sous le nom d'Hyacinthe , un billet par lequel Saint-Vincent l'invitait , au nom de ses amis , de vouloir bien se rendre de suite à l'endroit où il les avait vus la dernière fois.

Picot avait été arrêté la veille rue du Bac , maison de Denand , marchand de vin. On avait à craindre ses révélations ; il fallait aviser au parti le plus sage et s'entendre sur-tout ; la réunion était d'une nécessité frappante.

Ce billet , l'état dans lequel se trouva la femme Verdet ; sa déclaration qu'elle ne dirait rien , crainte qu'il ne lui arrivât de plus grands malheurs, ne pouvaient que confirmer l'opinion que la police s'était formée de lui.

Interrogé à la préfecture de police, ses réponses furent évasives.

La dame de Saint Léger avoua qu'elle avait conçu les plus violents soupçons sur sa conduite, d'après ses allées et ses venues, et qu'elle s'était fortement doutée que lui et plusieurs autres, machinaient quelque chose contre le Gouvernement, sans avoir néanmoins rien su de positif.

Conduit à la tour du Temple, il essaya de se détruire; une circonstance extraordinaire fit entrer dans sa chambre un porte-clefs, qui lui sauva la vie.

Ayant repris ses sens, il a annoncé qu'il avait des révélations importantes à faire. Il a demandé à parler au grand juge.

Transferé au ministère de la police et de la justice, il a fait la déclaration, mise sous les yeux du tribunal comme devant concourir à administrer la preuve de la conspiration.

Il n'y a point dissimulé, qu'il était venu d'Angleterre en France, pour y soutenir la cause des Bourbons; qu'il était dans la voiture avec Georges et Pichegru, sur le bou-

levard de la Magdeleine, lors de leur première entrevue avec le général Moreau.

Sous sa signature, il n'a pas hésité d'ajouter sa qualité d'adjudant-général de l'armée
royale.

Interrogé le 30 pluviôse par le conseiller
d'État Réal, il a donné de nouveaux renseignements sur les projets des conjurés.

Ils ont été aussi présentés au tribunal, dans
le recueil des preuves de la conspiration.

Devant le magistrat chargé de l'instruction,
il a persévéré.

Confronté avec Lajolais, il ne s'est pas
démenti.

Il n'a jamais cherché à se justifier sur l'intention de contribuer à un changement de
Gouvernement.

Il ne s'est occupé que de tâcher d'imprimer
l'idée qu'il n'entendait se mêler que d'une
attaque loyale, sous les yeux d'un ci-devant
prince français.

Lié avec les chefs, avec les agents et les
complices, il est bien difficile d'admettre,
qu'il n'ait point partagé leurs sentiments.

Il ne l'est pas moins, d'admettre qu'il fût

délicat sur le choix des moyens pour la réussite de la conspiration.

RUSILLION.

Il fut arrêté en Suisse en l'an 6, et conduit
à Paris.

Il était accusé d'être recruteur Anglo-
Bernois.

De favoriser les émigrés, qui faisaient des
voyages continuels de France en Suisse.

De protéger la correspondance des agents
de Louis XVIII.

De leur servir de bureau d'adresse et de
correspondance.

Des notes reçues d'Helvétie étaient concordantes sur ce point.

Il n'avait pas dissimulé qu'il recevait des
émigrés.

Envoyé au Temple, il parvint à faire faire
des démarches en sa faveur par les plénipo-
tentiaires de Suisse.

Les circonstances politiques lui étaient favorables ; les preuves ne furent pas jugées suffi-
santes, il fut mis en liberté.

Il retourna en Suisse.

Des désagréments le déterminèrent à passer à Londres.

Il avait connu Pichegru , et avait eu beaucoup de rapports avec un de ses confidents.

Il alla voir l'ex-général qui , sachant quelle était son opinion , ne manqua pas de l'accueillir.

Avec la fortune dont il jouit, il lui fut facile de se procurer à Londres une existence assez agréable.

On le vit d'ailleurs faire de fréquents voyages en Allemagne , à Munich , Francfort et autres endroits de la Souabe.

Instruit par Pichegru du plan formé pour s'emparer de l'autorité en France , et de l'intelligence qui existait entre lui , Georges et Moreau , il n'hésita pas de se réunir.

Il fut présenté au ci-devant comte d'Artois qui l'encouragea.

Plein de confiance dans la bienveillance du prince et dans les chefs de la conspiration , il se disposa à la traversée.

Il fit avec Pichegru partie du troisième débarquement qui s'effectua à la falaise de Béville , le 16 Janvier dernier , à l'aide d'un cutter anglais dont le capitaine était Thomas Rigth.

Sa route pour arriver à Paris fut celle marquée pour tous les conjurés.

Il fut reçu aux mêmes stations.

Il a été généralement reconnu.

A Paris, il a vu habituellement Georges, Pichegru, Rochelle, l'ex-marquis de Rivière, Lajolais, les frères Polignac, et presque tous les agents et complices de la conspiration.

Il a logé dans quelques-uns des repaires préparés pour les conjurés.

Il a logé trois à quatre jours avec Pichegru chez Georges à Chaillot.

Si on l'en croit, il a souvent couché chez les filles.

Signalé à la police, à force de recherches, on l'arrêta le 15 Ventôse dernier, rue du Mûrier St. Victor, chez la Dame veuve Avril, ancienne gouvernante de l'abbé de Bourbon.

Il y était avec Rochelle qui soutient connaître le fils de cette femme pour avoir fait ses études avec lui.

Mené à la préfecture, il a avoué, comme on l'a vu, qu'il était du nombre des conspirateurs, et que c'était Pichegru qui l'avait décidé ; il s'est expliqué nettement sur les intentions criminelles des conjurés.

Il a dit que Pichegru, Georges et Moreau étaient les chefs de la conspiration.

C'est lui qui a déclaré que Lajolais, de retour à Londres, avait assuré que Moreau, mécontent du Gouvernement du premier Consul, desirait et voulait aider de tout son pouvoir à le renverser.

Il est du nombre de ceux qui ont attesté que Moreau avait vu Georges et Pichegru depuis leur arrivée à Paris.

Il a persisté devant le magistrat chargé de l'instruction, et a ajouté que Moreau avait toujours été considéré, avant le départ de Londres, comme l'homme sur lequel on devait principalement compter.

Ses interrogatoires ne présentent pour défense que la franchise de ses aveux.

ROCHELLE.

Après avoir fini ses études au collège des Grassins, il est entré en qualité de cadet, en 1787, dans le premier régiment de chasseurs.

Il quitta ce corps en 1788 pour s'attacher à l'étude du droit.

Il travaillait chez un procureur au Châtelet lorsque la révolution commença.

Au moment où il fut question de former des bataillons à Paris, il se présenta et fut nommé capitaine.

On sait que ces bataillons ont été à différentes époques fondus dans d'autres.

Il était lieutenant au 102e en l'an trois, lorsqu'il déserta pour passer à l'ennemi.

Une note portée sur le registre du corps établit ce fait ; le ministre de la guerre, par une lettre en date du 19 Germinal dernier, en a informé le magistrat chargé de l'instruction.

Prévenu d'avoir, depuis sa désertion, commandé des avant-postes de rébelles ; d'avoir envoyé plusieurs fois à Paris des ordres de Louis XVIII ; et enfin d'avoir formé un projet criminel contre un membre du Directoire, le ministre de la police générale, instruit qu'il était à Paris, donna, au mois de messidor an 6, les ordres les plus précis de le rechercher et de l'arrêter.

On découvrit qu'il logeait rue Xaintonge, chez la fille Lebault ; la maison fut investie ; il y fut saisi ; on trouva sur lui des pistolets et un signe de ralliement.

Un ami qui se trouvait avec lui, et auquel il avait avoué qu'il avait fait des recrues pour l'armée de Condé, fut aussi arrêté.

Il était au Temple, lorsqu'une commission militaire fut formée pour le juger ; averti qu'il allait être traduit devant elle, il se brisa une bouteille sur la tête, et s'ouvrit le crâne.

Une folie simulée le fit conduire à l'Hôtel-Dieu pour y être traité.

Des démarches déterminèrent à avoir pour lui les plus grands soins. On parvint, à l'aide d'une personne qu'on sut prendre par la friandise et le vin, à lui procurer des moyens d'évasion dont il s'empressa de profiter.

Après être resté quelque temps caché en France, il repassa en Allemagne, où probablement il porta encore les armes contre son pays.

A la paix, il passa en Angleterre où il savait qu'on formait des rassemblements de rébelles de l'Ouest, et qu'on accueillait les émigrés et les ennemis de la France.

Il avait des titres évidents pour être bien reçu par les conspirateurs, et pour avoir promptement de l'emploi.

Aussi voit-on dans un interrogatoire par lui subi le 25 ventôse, qu'il fut envoyé de Londres à Paris vers le mois d'août dernier, pour remettre à Lajolais qui s'y occupait de la conspiration, une lettre dont l'avait chargé Berthe-

sier, français transfuge, et qui détermina sur
le champ Lajolais à repasser à Londres avec
lui.

Il a fait partie du troisième débarquement,
avec Pichegru, Rusillion, Lajolais et autres.

Arrivé à Paris par l'une des lignes tracées
pour les conjurés, il a vu habituellement les
agents de la conspiration.

Il avait sur-tout des rendez-vous particuliers
avec Lajolais, qui lui assurait, ainsi qu'il l'a
déclaré, que le général Moreau était toujours
dans les meilleures dispositions pour l'exécution du plan.

Arrêté le 15 ventôse dans une maison où
demeurait un de ses amis, rue du Mûrier St.-
Victor, il n'a point dissimulé son nom, mais il
s'est tû sur celui de Rusillion, qui croyait pouvoir encore utilement ne pas dire le sien.

Il a été reconnu par ceux qui étaient du
même débarquement que lui.

Il les a reconnus lui-même.

Il a aussi reconnu des personnes chez lesquelles il avait été dans les lignes des stations,
et qui hésitaient de dire la vérité.

Il ne faut pas oublier la déclaration formelle
qu'il a faite sur le but que se proposaient les
conspirateurs, et sur l'enthousiasme qu'inspira

en Angleterre le rapport de Lajolais aux ci-devant comte d'Artois et duc de Berry.

La personne arrêtée avec lui en l'an 6 a rendu compte, le 3 germinal dernier, des faits dont il l'avait instruit en Suisse.

La fille Lebault Dumesnil, sœur de celle qui l'a logé en l'an 6, est convenue qu'elle avait aussi logé les deux frères Polignac, dont elle n'avait sûrement fait la connaissance que par lui.

Elle a rendu compte des circonstances de son évasion, lors de son arrestation en l'an 6.

Confronté avec Lajolais, il a persisté dans les déclarations qu'il avait faites contre lui.

Comment pourrait-on ne pas le placer sur la ligne des conjurés, lorsqu'il est convenu lui-même qu'il appartenait à la conspiration, et que toutes les circonstances se réunissent pour démontrer qu'il lui appartient réellement?

Accablé sous le poids des preuves, il a tâché de se faire considérer comme une victime de l'erreur dans laquelle Lajolais l'avait plongé.

P O L I G N A C (*Armand*).

Lors de son émigration avec ses parents, il avait environ 16 ans.

Il prétend être établi en Russie.

Il ne peut dissimuler son attachement aux ci-devant princes français , et notamment au ci-devant comte d'Artois.

Il est venu en France , il y a environ un an.

Il était arrivé d'Angleterre , par la Hollande.

Il a fait partie du second débarquement.

Il a logé à Paris , avec Georges , quai de Chaillot , n°. 6.

Il a logé avec Georges , à Paris , rue du Puits-l'Hermite , près le jardin des plantes , chez Verdet.

Il a logé pendant huit jours avec Polignac (Jules) son frère , et l'ex-marquis de Rivière , chez Dubuisson , rue Jean-Robert.

Il a été arrêté , rue saint-Denis , chez la fille Lebault-Dumesnil , ancienne connaissance de Rochelle.

La sœur de Rochelle s'est trouvée dans le même appartement.

Elle est convenue qu'elle connaissait les deux frères Polignac depuis environ 15 jours ; que tous deux lui faisaient la cour ; que tous deux avaient couché dans ledit appartement la nuit précédente.

Il a déclaré , qu'il avait couché quatre fois

avec son frère , chez la fille Rochelle , rue Saint-Germain-des-Prés.

On a trouvé sur lui un poignard à lame quarrée, un pistolet , deux ceintures en cuir dans lesquelles se trouvaient , entre autres objets , huit cartouches à balles.

Interrogé le lendemain , au ministère de la police , il est convenu qu'il y avait près de deux ans qu'il était en Angleterre.

Il est convenu de son voyage à Paris, il y a un an.

Il a avoué être arrivé, il y a environ quatre mois.

Il a dit qu'il avait été au-devant de son frère Jules ;

Que ce frère logeait avec lui , rue Saint-Denis.

Il a prétendu n'avoir vu Georges qu'une fois.

Il a dit , que si Georges et les siens étaient en France d'après les ordres du ci-devant comte d'Artois, ils n'auraient rien entrepris sans qu'il fût arrivé ; qu'alors il y aurait eu un engagement personnel entre le prince soutenu de ses partisans , et le premier Consul.

Il a dit, qu'il avait vu beaucoup Pichegru , chez le ci-devant comte d'Artois, à Londres.

II

Qu'il imaginait d'après son retour à la famille des Bourbons, qu'il aurait été avec le prince.

Que quant à Moreau, il ne le connaissait pas, et qu'il n'avait pas oui dire qu'il se fût déclaré positivement.

Devant le magistrat chargé de l'instruction, il est convenu que lorsqu'il était parti la dernière fois de Londres, il connaissait les projets du ci-devant comte d'Artois.

Que son plan était d'arriver en France, de proposer au premier consul d'abandonner les rênes du gouvernement, afin qu'il pût en saisir le prétendant.

Que si le premier Consul eût rejeté cette proposition, il était décidé à engager une attaque de vive force, pour tâcher de reconquérir les droits qu'il regardait comme appartenants à sa famille.

Que c'était le ci-devant comte qui l'avait déterminé à passer sur le premier bâtiment.

Il a dit avoir vu trois fois Georges et trois fois Pichegru à Paris;

Avoir été chez Lajolais lorsque Pichegru y demeurait;

Avoir été chez Georges à Chaillot et dans une maison près le Boulevard du Temple.

Il est convenu avoir couché chez Georges
à Chaillot ;

Avoir vu Pichegru et Georges ensemble
chez Lajolais.

Il a déclaré qu'il était sûr qu'ils s'étaient
vûs dans la maison N°. 6 à Chaillot.

Il pouvait l'affirmer, puisqu'il y avait demeuré avec eux.

Il pouvait également affirmer les avoir vus
ensemble chez Verdet, puisqu'il y avait logé
avec eux.

Il a déclaré qu'il y avait eu une conférence
très-sérieuse à Chaillot entre Georges, Moreau
et Pichegru ;

Que Georges avait dit au général Moreau,
après différentes explications : *si vous voulez
je vous laisserai avec Pichegru* et peut-être
finirez-vous *par vous entendre* ;

Que le résultat n'avait laissé que des incertitudes désagréables, attendu que Georges et
Pichegru paraissaient bien fidèles à la cause
du Prince, mais que Moreau restait indécis
et faisait paraître des vues d'intérêt particulier ;

Que depuis, il avait sçu qu'il y avait eu
d'autres conférences entre Moreau et Pichegru.

Confronté avec Pichegru, il a persisté, et
Pichegru n'a rien contesté.

11.

Il a été reconnu par la femme Verdet, par Dubuisson et sa femme, par la fille Lebault, et par la fille Rochelle ;

Il l'a été par Rivet et sa femme, chez lesquels il a logé, ainsi que Rochelle, Rusillion, Lajolais et Polignac (Jules), son frère.

En réfléchissant sur tous les faits qui lui sont personnels, on ne peut douter qu'il ne fût du nombre des conjurés.

Il prétend que ses intentions ont toujours été loyales; c'est une erreur qui tient au système même qui l'a fait entrer dans la conspiration.

POLIGNAC (Jules).

Il a fait partie du troisième débarquement.

Avant de partir d'Angleterre, il connaissait aussi bien que son frère les projets qui étaient formés contre la France.

Il savait quelles étaient les résolutions de ceux qui l'accompagnaient.

Son frère a été au devant de lui avec Georges.

Il s'est arrêté aux lieux marqués par le crime pour servir de stations.

C'est sous les auspices de deux chefs de brigands qu'il est arrivé à Paris.

Il les y a vus.

Il a vu une autre partie des agents de la conspiration.

Il a logé avec son frère chez Dubuisson où l'on a trouvé Joyaut, Burban et Datry.

Il a logé avec son frère chez la fille Rochelle, rue Saint-Germain-des-Prés, et rue Saint-Denis.

Il a été arrêté dans la même maison que de Rivière.

Il était porteur d'un pistolet de poche chargé, semblable à ceux de son frère.

Interrogé au ministère de la police, il a dit : Qu'il ne pouvait dissimuler qu'il avait entendu transpirer quelque chose en Angleterre relativement à un changement de Gouvernement; mais qu'il ignorait quels moyens on devait employer ;

Qu'il se rappelait que, deux ou trois mois avant son départ, le comte d'Artois lui avait parlé vaguement de ce changement, sans aucun détail, même sur les moyens qui pourraient l'amener.

Il est convenu avoir vu deux fois Georges à Paris : une fois dans une rue près celle Saint-Antoine, une autre fois dans une rue près Sainte-Pélagie.

Il est convenu qu'ils avaient parlé ensemble

de la manière dont on pourrait rappeler le roi;

Qu'il lui avait demandé quelle était leur position, et qu'il lui avait répondu qu'elle était toujours bonne.

Il a dit : Que ce qu'on desirait faire, ne paraissant pas, à lui et à son frère, aussi noble qu'ils devaient naturellement l'espérer, ils avaient parlé, il y avait environ quinze jours, de se retirer en Hollande.

Engagé à s'expliquer sur ce point, il a répondu qu'il soupçonnait, ainsi que son frère, qu'au lieu de remplir une mission quelconque relative à un changement de Gouvernement, il s'agissait d'agir contre un seul individu.

Il n'a pas contesté avoir vu Pichegru à Paris;

Il a confessé avoir vu Georges avec Pichegru;

Il a déclaré avoir entendu dire à Pichegru, qu'il croyait que Moreau ne travaillerait pas pour les Bourbons;

Qu'on avait parlé vaguement sur ce texte;

Qu'il avait demandé quel était le but que Moreau se proposait; et qu'à ce qu'il croyait,

Pichegru lui avait répondu qu'on ne pouvait
le deviner.

Devant le Magistrat chargé de l'instruction, il a persisté.

Il a été reconnu par Dubuisson et sa femme,
par les filles Rochelle et Lebault.

Il est impossible de ne pas voir en lui, et
en son frère, les mêmes pensées, les mêmes
motifs pour arriver en France, la même
marche et la même direction ;

Ils doivent donc, dans le présent acte, être
placés sur la même ligne.

CHARLES D'HOZIER.

Il a été nommé page des grandes écuries,
en 1789 ;

Il a commencé son service en 1790, et l'a
fini au mois d'août 1792 ;

Il resta long-temps à Chartres ;

Il y contracta beaucoup de dettes ;

Il annonça, en 1799, l'intention de passer
à Saint-Domingue ; il obtint même un passeport ; mais au lieu de s'embarquer, il se jeta
dans la chouannerie ;

Il a servi sous Limoëlan, dont le nom
connu était alors : *Pour le Roi* ;

Il a servi aussi sous la Prévalaye.

C'est sous ses ordres qu'il a été comman-.dant en second de la légion de la Guerche.

Après la pacification, il a été chargé du licenciement de différents corps, et s'est rendu à Rennes, pour s'occuper de la liquidation des dettes du corps de la Prévalaye. Il paraît qu'il continua d'y recevoir des fonds pour la paye des jeunes gens enrôlés.

On prétend que toutes les dettes payées, il est resté plus de 60,000 fr., qui ont été versés entre les mains de Georges.

Ses intrigues à Rennes excitèrent la surveillance de la Police générale.

Un mandat d'arrêt fut lancé contre lui, au mois de janvier 1801.

Une actrice, nommée Richardi, sachant qu'on devait l'arrêter à la sortie du spectacle, trouva le moyen de le faire évader.

Il se cacha long-temps à Rennes, et partit enfin pour Paris.

Il y resta quelque temps, sans rien faire.

Il fit un voyage à Londres, où il vit Coster-St.-Victor, et les autres chefs de chouans et rebelles, qui s'y étaient réfugiés.

Revenu en France, il acheta des chevaux et des voitures, qu'il fit valoir.

La première destination de ces chevaux et de ces voitures était, sans doute, de faciliter les transports et les communications des ennemis de la tranquillité de la France.

L'établissement fut d'abord fixé rue Sainte-Apolline ; il le fut ensuite , vieille rue du Temple.

Charles d'Hozier vit de son propre aveu , Bouvet , qui lui demanda s'il ne pourrait pas procurer des logements à quelques émigrés qui passeraient d'Angleterre en France.

Il vit aussi Raoul Gaillard , dit St.-Vincent, et Jean Marie , dit Lemaire , qui lui parlèrent également de logements.

Les dernières résolutions des conjurés lui furent communiquées ; il promit de s'occuper, et s'occupa réellement de faire préparer des endroits pour recévoir les sicaires qui devaient débarquer d'Angleterre.

C'est lui qui corrompit Spin , et l'attacha à la conspiration.

C'est à son instigation , que cet homme a fait louer par la femme Dubuisson , sous le nom de femme Berry , rue de Carème-Prenant , n°. 21 , l'appartement où Georges a logé avec Picot son domestique et Joyaut, dit Villeneuve , son aide-de-camp. Spin n'y

eût pas fait une cache, s'il n'eût pas été
instruit des motifs de la location.

C'est encore lui qui a fait louer le logement
où était placé Michelot, rue de Bussy, faubourg St.-Germain, et c'est toujours Spin qui
s'en est mêlé, et qui a fait une cache, que
Michelot et sa femme prétendent même n'avoir
jamais connue.

C'est lui qui a payé la location de ce dernier appartement, et des travaux qui y ont
été faits.

Qui pourrait douter que c'est encore à sa
sollicitation, que Spin a fait louer, sous le
nom de Dubuisson, la maison rue Jean-
Robert, où avait été préparé un nouveau repaire pour les brigands ?

Il a été, lors du premier débarquement,
avec Desol, au-devant de Georges et de ceux
qui l'accompagnaient; il l'a ramené de St.-Leu-
Taverny dans sa voiture.

Il avait fait louer pour son compte, le local
de la fruitière, rue et montagne Ste.-Gene-
viève. C'est lui qui l'a cédé à Georges, Joyaut
et Burban.

Il a été habituellement voir Datry, chez
Dubuisson et chez Michelot.

Il l'avait placé avant chez Hizay.

Il n'a pu disconvenir de tous ces faits , lors, de son arrestation.

Il a été obligé d'avouer qu'il avait vu Raoul Gaillard chez Georges , à Chaillot , et rue de Carême-Prenant , et qu'il l'avait également vu chez Dubuisson.

Il a été forcé de convenir qu'il avait vu Georges à Chaillot , et rue de Carême-Prenant , et que dans une conversation , présence de Villeneuve-St.-Hilaire , Georges et autres , il avait entendu dire qu'on pourrait tenter un changement de Gouvernement.

Il a ajouté qu'il avait cru qu'on entendait replacer un Bourbon sur le trône , qu'on devait réunir le plus de monde possible , et que les ci-devant princes français devaient venir en France.

Enfin , il n'a pu dénier qu'il connaissait depuis deux ans la fille Hizay , qui a joué un rôle marquant dans la conspiration , et que c'était lui qui, étant lié avec la fille Bédigié , avait fait placer chez sa mère un sac renfermant des uniformes , trois sabres commandés et fabriqués à Paris , et des effets , dont partie a été reconnue pour être à Raoul , à Armand Gaillard , et à Tamerlan.

On a entendu celui qui avait fait découvrir

ce sac, et qui savait que c'était Charles d'Hozier qui l'avait fait déposer.

On a entendu un armurier, qui a déclaré
qu'un des sabres avait été commandé par
Roger, et d'Hozier est convenu qu'un de ces
sabres lui appartenait.

Ses liaisons avec Desol sont connues ; c'est
lui qui l'avait placé chez la femme Denand.

Ses liaisons avec la fille Mallet le sont aussi.

On n'ignore pas l'intérêt qu'il a toujours porté
aux conjurés poursuivis par la justice.

Il est établi, par l'instruction, qu'après avoir
fait louer, par la fille Bedigié, rue Saint-Martin, un local qui a été meublé à ses frais, au
lieu de l'habiter, il s'est retranché dans un
grenier.

Il est établi qu'il avait pris toutes les mesures pour tâcher qu'on ne vît dans cette
maison, dont Gallais est propriétaire, aucunes
traces de son existence.

Il l'est, qu'on lui a trouvé une paire de pistolets de poche chargés.

Il a été généralement reconnu dans les
confrontations.

Toutes ces vérités ne l'ont point empêché

de soutenir qu'il était innocent, et incapable de s'unir à des assassins.

DE RIVIERE.

Il a été officier aux gardes-françaises ;

Il a même fait partie de l'état-major ;

Il a émigré ;

Il était à Mittaw en 1799 ;

Il est premier aide-de-camp du ci-devant comte d'Artois ;

Il est son confident ;

Ses fréquents voyages en France, pour la contre-révolution, sont connus ;

Il a fait partie du troisième débarquement ;

Il était lié, à Londres, avec Georges et Pichegru ;

Il l'était aussi avec Lajolais ;

Il a logé pendant environ huit jours avec les deux frères Polignac, dans le repaire préparé aux conjurés, chez Dubuisson, rue Jean-Robert ;

Il a été arrêté, le 13 ventôse, rue des Quatre-Fils, n°. 8, chez un nommé La Bruyère, qui prétend avoir été long-temps son domestique.

Il y logeait avec Polignac *(Jules)*.

On lui a trouvé deux pistolets chargés, une croix de Saint-Louis, des lettres-de-change, écrites en anglais, payables à Hambourg.

Il y avait trois jours qu'il était dans cette maison garnie, avec Polignac *(Jules)*, et aucune déclaration n'avait été faite à la police.

On a trouvé son portrait dans le secrétaire de la Bruyère, qui prétendit qu'il lui en avait fait présent, en reconnaissance, sans doute, des services du même genre qu'il lui avait rendus.

Dans le nombre des effets saisis comme lui appartenants, était une boîte renfermant un portrait.

Derrière ce portrait est écrit ce qui suit :

Paroles de Monseigneur.

« Conserve-toi pour tes amis, et contre nos » ennemis communs. »

22 octobre 1796.

Donné par Monseigneur le comte d'Artois, à son fidèle de Rivière, son aide-de-camp, au retour de plusieurs voyages dangereux, à Paris et à la Vendée.

Le portrait est celui du ci-devant comte

d'Artois. Les expressions recueillies prouvent l'attachement qu'il a pour son aide-de-camp.

C'est de Rivière qui a écrit lui-même ce qu'on lit derrière ce portrait.

La conséquence juste est qu'il a eu , dans la Vendée et à Paris , des missions concordantes avec la dernière qu'il venait remplir en France.

Interrogé , le 16 ventôse dernier , au ministère de la police, il n'a pu contester qu'il était débarqué à l'aide d'un bâtiment anglais , capitaine Right.

Il a fait sur le surplus , des réponses évasives et négatives.

Il n'a pu cependant dissimuler qu'il avait vu Pichegru et Rusillion.

Ne voulant pas faire un aveu complet sur l'objet de son voyage, il a prétendu qu'il avait voulu s'assurer de l'état des choses et de la situation politique de l'intérieur de la France, afin d'en faire part aux princes, qui auraient jugé d'après ses observations, s'il était de leur intérêt de venir en France ou de rester en Angleterre.

Il n'a pu nier qu'il connaissait Rochelle, dit Richemont, porté sur la liste des brigands.

Le 21, il a avoué avoir vu Georges en Bretagne.

Il a dit que ne commandant ni n'obéissant à personne, il ne pouvait influer, ni agir sur la détermination de Georges.

Il n'a pu continuer de soutenir, comme il l'avait fait dans son premier interrogatoire, qu'il n'avait pas vu Georges à Paris.

Il a prétendu lui avoir trouvé beaucoup d'indécision.

Il a dit qu'il croyait que le moyen qu'on devait employer pour opérer le rétablissement desiré par les princes était la réunion d'une force assez imposante pour s'attirer des partisans.

Il a été reconnu par Dubuisson et sa femme.

Il a été obligé d'avouer le 8 germinal, qu'il avait logé chez eux avec les frères Polignac.

Il a été reconnu par Couchery, qui a attesté l'avoir vu chez Lajolais, rue Culture-Sainte-Catherine, depuis le débarquement.

Par Couchery, qui a déclaré l'avoir trouvé souvent avec Pichegru, chez la fille Gilles, rue des Noyers, et l'avoir toujours considéré comme ayant toute la confiance de cet ex-général.

Sa présence à Paris, ses rapports avec plu-

sieurs des chefs, et des agents de la conspira‑
tion, ses anciens voyages en France, et leur
but, sa qualité d'aide-de-camp et de confident
du ci-devant comte d'Artois, son débarquement
avec des hommes à la solde de l'Angleterre,
et qui arrivaient armés de poignards, démon‑
trent que c'est avec raison qu'il a été signalé
sur la liste des conspirateurs.

LOUIS DUCORPS.

Il a servi en 1796 dans l'armée des rebelles,
à Sancerre, sous le commandement d'un nommé
Mallet.

Il fut arrêté et condamné à Bourges, par
une commission militaire, à dix années de
fers.

Au bout de treize mois, il s'évada des
prisons et se retira à Orléans.

Quatre ou cinq mois après, Mallet décou‑
vrit sa demeure et le fit venir à Rouen. Mallet
avait auprès de lui deux jeunes gens, nommés
Louis et Auguste, qui paraissaient commander
sous ses ordres.

Un de ces jeunes gens le plaça chez Mon‑
nier, maître de pension, qui demeurait alors à
Rouen.

12

Sa mission était d'enrôler pour l'armée royale; il recruta trente jeunes gens; il avait deux louis par mois.

Monnier quitta Rouen pour s'établir à Aumale, où il pouvait servir plus utilement le parti des rebelles.

Louis Ducorps le suivit et demeura chez lui.

Plusieurs années après, il reçut de Mallet, prenant la qualité de commandant en chef pour le roi, un brevet de capitaine, ainsi conçu :

« Au nom du roi,

» En vertu de l'autorisation spéciale de son Altesse royale,

Monsieur, frère du roi, lieutenant-général du royaume ;

» Nous, François de Mallet, maréchal des camps et armées du roi, chevalier de l'ordre du mérite militaire, commandant en chef provisoirement pour le roi, dans l'arrondissement de Haute-Normandie et sur la rive droite de la Seine.

» En raison des bons et loyaux services rendus par monsieur Louis Ducorps ; de son expérience et vigilance à la guerre ; de son

attachement aux principes de la religion et de
la monarchie, nous l'avons nommé et nommons provisoirement, par ces présentes, capitaine d'infanterie dans la quatrième division,
pour prendre rang, en cette qualité, parmi les
autres capitaines des armées royales, et pour
jouir des droits, titres et prérogatives, accor-
dés à cet emploi.

» Ordonnons à tous les fidèles sujets de sa
majesté de le reconnaître en cette qualité et
de lui obéir en tout ce qu'il commandera pour
le bien du service.

» Donné à notre quartier-général de Rouen,
le 7 décembre de l'an de grâce 1799.

» Signé de Mallet »

Les débarquements successifs des conspirateurs eurent lieu, et ce fut Louis Ducorps qui
fut chargé de les conduire de Preusseville à
Aumale, et d'Aumale à Feuquières, et même
à Gaille - Fontaine. Il faisait leurs commissions; il allait dans ces différents endroits
prévenir de leur arrivée, et ensuite il leur
servait de guide.

Il avait acheté pour ces sortes de commissions et pour le transport des paquets, un che-

I 2.

val moyennant la somme de 300 livres, qui lui avait été fournie par Lemaire.

Il lui était payé quatre à cinq louis par mois.

Les conspirateurs ne lui avaient pas laissé ignorer que leur projet était de renverser le Gouvernenement, et de mettre un Bourbon sur le trône.

Parmi les conjurés qu'il a vus chez Monnier, et auxquels il a servi de guide, il a indiqué Georges, Lemaire, Raoul, Jules et Armand Polignac, Armand Gaillard, Lemercier, Lelan, Jean Pierre, Jean Louis, Tamerlan et Picot sous le nom de Joseph.

Il a reconnu également Lemercier et Jean Louis pour les avoir conduits à Gaille-Fontaine chez la femme Lesueur, et leur avoir porté du linge qui lui avait été donné pour eux chez Monnier.

Il a fait un voyage à Paris. Il a été chez Denand, rue du Bac, pour remettre, de la part de Lemaire, une lettre à Raoul Gaillard.

Il n'eût pas manqué de se trouver à Paris pour l'action. Il a quitté la maison de Monnier et de sa femme, quand ils ont été arrêtés, et il l'a été lui-même le 22 germinal, chez sa mère, à Saint-Piat, où il s'était réfugié.

Il a d'abord nié tous les faits, ensuite il les a avoués, et a déclaré que c'était Mallet qui l'avait entraîné.

Il prétend qu'on a dans le principe abusé de son inexpérience, et ensuite de sa misère et de ses malheurs.

L E R I D A N T.

Il a servi en qualité de conscrit dans le 1er. bataillon de la légion de l'Ouest.

Par acte passé devant notaire à Rennes, le 5 germinal an 8, il a traité avec le nommé Sevestre pour le remplacer.

Le même jour, Sevestre a été agréé par le conseil d'administration.

Muni de son congé et d'un passeport, Leridant s'est rendu à Paris, pour y apprendre le commerce.

Il paraît qu'il est resté longtemps chez le cit. Willermay, négociant, rue Michel Lepelletier.

Il avait connu Georges Cadoudal lors de la pacification, parce qu'il avait un frère qui était son aide de camp.

Raoul Gaillard, dit St. Vincent, l'avait découvert à Paris, et avait été le voir.

Après le premier débarquement, Joyaut,

auquel St. Vincent en avait parlé, alla le trouver.

Le cit. Willermay ayant manqué, il restait sans place. Georges et ses agents, qui probablement lui connaissaient déjà quelques dispositions à les servir, pensèrent que c'était le moment de se l'attacher: on le chargea de différentes commissions.

Il alla habituellement où était Georges, et vit les agents qui l'environnaient.

Joyaut l'envoya, au mois de brumaire, porter dix louis à Versailles, à la demoiselle Brossard, ex-religieuse.

A la fin du même mois, il a été envoyé par Georges, à Rennes, pour porter trois cents louis à Lahaye St.-Hilaire, dit Raoul, un des agents de la conspiration.

C'est Burban Malabry qu'il trouva à Rennes, qui le conduisit au milieu de la nuit à travers champ à une petite maison où demeurait St.-Hilaire, dans un village peu distant de Rennes.

De retour à Paris, il a continué de voir Georges et ses complices.

Il a échangé pour Joyaut un nombre considérable de pièces d'or étrangères.

Il a touché chez un banquier une somme de onze mille livres pour lui.

Il est convenu, qu'à l'exception du temps de ses voyages, il voyait Georges environ trois fois par semaine.

Qu'il avait été chez lui, rue de Carême-Prenant, à Chaillot, et rue du Puits l'Hermite.

Il savait qu'elle avait été la conduite de Georges et celle de Joyaut dans les guerres de l'Ouest ; il savait également qu'elle avait été celle de Burban, avec lequel il avait fait ses études.

Il connaissait celle d'une autre partie des agents de Georges, qu'il voyait, ou dont il entendait parler ; et par conséquent il ne pouvait douter que leur réunion n'eût un objet criminel ; cependant rien ne l'arrêta.

C'est lui qui, au nom de Joyaut, porta une lettre à Fresnières, secrétaire de Moreau, qu'il atteste être venu deux fois voir Joyaut.

On ne l'eût point chargé de faire des voyages et des commissions, qui exigeaient la plus grande discrétion, s'il ne fût pas devenu un des agents de l'exécution du plan.

La publication par les papiers publics de la conspiration dont Georges était signalé comme le chef, ne l'empêcha pas de le voir, ainsi que ses affidés.

Il continua, malgré l'arrestation de Picot,

de Moreau, de Lajolais, de Coster et de Roger.

Il continua , malgré la désignation formelle de ceux avec lesquels il communiquait.

C'est à lui que Joyaut s'adressa, le 17 ventôse, pour le prier de lui procurer , ainsi qu'à Georges et à Burban , un autre logement que celui où ils étaient, montagne Ste.-Geneviève.

C'est à lui qu'il confia les inquiétudes qu'ils avaient.

Il est constant qu'il a été avec Joyau reconnaître le lieu où il devait, le 18, conduire un cabriolet pour les enlever.

Il n'a pu disconvenir que le 16 il s'était trouvé sur le boulevard Saint-Antoine avec Joyaut, et qu'ils avaient vu une femme nommée Julie, que Joyaut avait engagée à lui procurer un logement pour lui et un ami.

Il a réellement loué un cabriolet le 18 , et , malgré la publication de la loi contre ceux mêmes qui recevraient Georges et ses complices, il s'est rendu, heure marquée, au lieu convenu.

Il était dans ce cabriolet avec Georges , lorsque deux inspecteurs de police se jetèrent sur les brancards , rue de l'Egalité , près celle des Quatre-Vents.

Il y était lorsque fut tiré le coup de pistolet qui tua Buffet.

Il se sauvait , lorsque le second coup de pistolet fut tiré par Georges sur Caïllole.

Il a été suivi et arrêté presqu'à l'instant.

Conduit devant un magistrat de sûreté , il fit des réponses évasives ; mais bientôt à la préfecture de police et devant le juge chargé de l'instruction, il commença à faire des aveux , et on ne tarda pas à avoir de lui tous les renseignements qu'il pouvait administrer.

Il ne put contester que les brigands disaient qu'ils étaient attachés au parti des Bourbons , et qu'ils chercheraient les moyens de les réta- blir sur le trône.

Il a prétendu ne pas être instruit des moyens qu'ils comptaient employer.

Malgré tous les faits dont on vient de rendre compte , et qu'il a été obligé d'avouer , il a soutenu qu'il était étranger à la conspiration.

P I C O T.

Il a servi dans les chouans.

Après le traité d'Amiens, il a été à Jersey.

Il est passé ensuite à Londres.

En Angleterre, il a été enrégimenté sous

Georges, qui lui a fait donner le grade de capitaine, et se l'est attaché pour son service domestique.

Il recevait du gouvernement britannique deux schellings de paye par jour.

Il en est convenu.

Il a aussi déclaré que beaucoup d'autres passés comme lui, avaient été enrégimentés et recevaient solde.

Il a même attesté qu'il y en avait en France qui n'avaient pas cessé de recevoir, quoique restés dans leurs foyers.

Il faisait partie du premier débarquement. On conçoit qu'il ne devait pas se séparer de Georges.

Il est arrivé comme lui par une des échelles formées pour les affidés. Comme lui, il n'a pas cessé de voir les conjurés dont il connaissait les projets.

Il a logé à Chaillot, n°. 6, rue de Carême-Prenant, n°. 21, et rue du Puits-l'Hermite, chez Verdet.

Il logeait encore rue du Puits l'Hermite, lorsque le 18 pluviôse, au moment même où, par ordre de police, on faisait une perquisition chez Denand, marchand de vin, rue du Bac, il se présente, il s'apperçoit que des inspecteurs l'examinent ; il voit qu'on le tourne et qu'il va être arrêté ; pour tâcher de se soustraire, et pour prévenir les autres conspirateurs, il tire un coup de pistolet.

On le saisit, on s'empare du pistolet tiré, d'un autre chargé et amorcé, et d'un poignard à lame carrée et bronzée, garni en argent.

On trouve sur lui cinq cartouches à balles, calibre de pistolet, une poire à poudre, garnie en cuivre, demi-pleine, et six balles à pistolets.

On arrête dans la même maison, Mérille et Rubin Lagrimaudière.

Les pistolets et le poignard lui avaient été donnés par Georges.

Il dit, lorsqu'on l'arrêta et qu'on le questionna sur le poignard dont il était porteur, qu'il était pour assassiner Bonaparte.

Il le répéta le lendemain devant le préfet de police.

Il ajouta qu'il voulait être fusillé, qu'il le méritait, qu'il voulait mourir pour sa religion et pour son roi.

Le 20, il donna le signalement de Georges, et dit qu'il avait une demeure à Chaillot.

Le 24, il avoua connaître la femme Verdet, qui avait été arrêtée.

Il déclara que Georges avait logé chez elle, que très-souvent la correspondance se faisait par la femme Denand ;

Que le soir où il avait été arrêté, il était suivi par Raoul Gaillard, dit Saint-Vincent ;

Que Joyaut dit Villeneuve ne devait pas être loin ;

Qu'il était entré chez Denand pour savoir où on en était ;

Que Bouvet était le chef de la correspondance anglaise ;

Que Georges brûlait les papiers aussitôt qu'il les avait lus ;

Que Georges avait demeuré rue de Carême-Prenant ;

Que dans les chevaux saisis et appartenants à Charles d'Hozier, il y en avait un au duc de Berry, ou du moins venant de lui.

Il promit d'indiquer les lieux où on se réunissait pour attaquer le premier Consul.

Il dit que les chefs avaient tiré au sort à qui l'attaquerait.

Qu'ils voulaient l'enlever s'ils le rencontraient sur la route de Boulogne, ou l'assassiner

en lui présentant une pétition à la parade,
ou lorsqu'il irait au spectacle.

Que c'était pour cela qu'on avait fait faire
des uniformes.

Il fit la description des uniformes.

Le même jour il a encore déclaré que les
chefs avaient répété fréquemment devant lui
qu'ils étaient fâchés que les princes eussent mis
Moreau dans l'affaire ;

Qu'il y avait une cache chez Denand ;

Qu'il avait entendu dire plus d'une fois aux
chefs, en cas d'évènement, mettez tout dans
la cache et sauvez-nous.

Le 25 il est convenu que Pichegru, qui
était du troisième débarquement, sous le nom
de Charles, avait logé avec Georges, à Chaillot,
chez Verdet.

Il est aussi convenu que Rusillion avait logé
chez Verdet.

Il a donné des renseignements sur des assassins qui étaient dans différents départements.

Il a continué le 27.

Il en a encore donné le premier ventôse.

Il a indiqué des stations ; il a indiqué des
lieux où des chevaux avaient été placés; il a
signalé une partie des conjurés.

Il a reconnu une grande partie des conspirateurs dont il a été également reconnu ; il n'a pas cessé d'administrer les renseignements qu'il pouvait donner.

Une déclaration par lui faite le 10 floréal an 12, prouve que le Gouvernement britannique n'a pas discontinué de fournir la solde des rebelles de l'Ouest.

Elle établit que les vols de diligences se faisaient par les ordres de ce Gouvernement, transmis à Georges.

Elle établit que c'était lui aussi qui commandait à Georges de faire contribuer particulièrement les acquéreurs de domaines nationaux, et ceux qui ne se déclaraient pas les ennemis de leur pays, ou de les faire assassiner.

Elle prouve enfin qu'on versait dans une caisse, dont Georges était le directeur général, tout ce qui n'était pas soustrait par les brigands chargés des expéditions.

C O U C H E R Y.

Il a été employé à Paris dans les bureaux du général Moncey.

Il en a été éloigné sous prétexte de correspondance avec Pichegru, très-lié avec son frère, ex-député.

Sa correspondance était bien avec son frère, mais il paraît aussi que ce qu'elle renfermait intéressait quelquefois Pichegru.

Il a écrit à Londres depuis la paix.

C'est Lajolais qui a été chargé de sa lettre.

Il a envoyé un apperçu de ce qui s'est passé en France depuis la rupture.

Le général Lajolais lui avait dit qu'il était envoyé par Pichegru à Paris, pour savoir si le général Moreau était toujours dans les dispositions qu'il avait manifestées à David.

Il savait ce qui s'était passé.

Il connaissait la dénonciation de Pichegru par Moreau.

Il avait assez de sens pour voir que tout accord entre Pichegru et Moreau ne pouvait exister que pour le malheur de son pays.

Cependant Lajolais de retour, étant venu chez lui, il l'embrasse lorsqu'il lui annonce que Pichegru doit être le même soir à Paris.

Il le reçoit le lendemain dans sa maison, presqu'en même temps que Raoul Gaillard dit Saint-Vincent, homme couvert de crimes, un des agents principaux de la conspiration.

Raoul apportait, il est vrai, un billet de Pichegru à Lajolais ; mais qui lui avait dit que Lajolais était chez lui ?

Qui lui avait donné son adresse?

Si Pichegru savait déjà où demeurait Cou-chery , il fallait qu'il fût bien sûr de ses dis-positions , pour envoyer Raoul Gaillard à son domicile.

S'il l'ignorait, c'est donc que Raoul Gaillard était déjà en relation avec Couchery.

Ce qui le fait présumer , c'est que ce fut cet homme qui lui donna un rendez-vous pour le jour suivant , entre sept et huit heures du soir , dans un café à côté de l'hôtel de Bor-deaux , rue de Grenelle-Saint-Honoré , afin d'y voir Pichegru.

C'est que ce fut le même homme qui vint le prendre au café où il s'était rendu avec La-jolais , pour le conduire à un fiacre , où se trouvait Pichegru avec deux autres individus , dont un était Georges.

S'il n'eût pas été dévoué à la conspiration , on ne l'eût pas mené le même soir rue de Carême-Prenant, dans la demeure de Georges.

S'il ne l'eût pas été , pourquoi Pichegru lui aurait-il remis dix louis en le quittant?

Arrêté comme un des agents de la conspi-ration , il n'a pu contester qu'il était retourné plusieurs fois chez Georges avec Lajolais ;

Qu'il avait été instruit d'entrevues qui avaient

eu lieu clandestinement entre Pichegru et
Moreau ;

Qu'il avait connu les révélations de Querelle ;

Que néanmoins un jour lui et Lajolais avaient
accompagné Pichegru chez le général Moreau, pour qu'ils eussent une conférence.

Il a été obligé d'avouer qu'il avait été avec
Lajolais chez Georges, à Chaillot ;

Qu'il avait conduit, avec Lajolais, Pichegru
chez Rolland.

Que le jour même de l'arrestation de Lajolais, il avait été chez lui.

Que sachant qu'il avait un rendez-vous avec
Fresnières, il avait été au lieu convenu pour
l'instruire, et que Fresnières lui avait appris en
échange l'arrestation de Moreau.

Il n'a pu disconvenir que Pichegru avait
craint qu'il n'y eût pas trop de sûreté pour lui
de rester chez Lajolais ;

Qu'il l'avait prié de tâcher de lui trouver un
autre asyle.

Il a déclaré qu'étant ami de Janson, ancien maire de Besançon, il l'avait vu ;

Qu'il lui avait demandé si son frère et Pichegru venant à Paris, il voudrait les recevoir ;

13

Que Janson avait répondu que c'était bien délicat, à cause de la proscription;

Qu'il avait insisté;

Que Janson avait résisté;

Qu'il avait observé qu'il faudrait d'ailleurs faire des dépenses, et qu'il n'était pas en état;

Qu'il lui avait répondu qu'il ne pensait pas qu'on voulût lui être à charge;

Qu'il avait paru consentir;

Que sur le compte par lui rendu à Pichegru de cette conversation, il lui avait remis cent louis qu'il avait portés à Janson;

Qu'il s'était occupé avec Janson des moyens de tout arranger;

Que le moyen le plus prompt selon eux, avait été de conduire Pichegru chez la demoiselle Gilles, demeurant rue des Noyers, et de lui taire son nom;

Qu'on avait acheté quelques meubles, et que quelques jours après, (le lundi gras) il avait pris une voiture avec Lajolais, et qu'ils avaient conduit Pichegru chez cette demoiselle sous le nom de Prévôt;

Interrogé s'il avait été souvent voir Pichegru chez la demoiselle Gilles?

Il a répondu qu'il y était retourné le lendemain ;

Qu'il y avait été quatre fois.

Il a ajouté que la demoiselle Gilles n'avait réellement su que c'était Pichegru que le jour de sa sortie.

Tous ces faits avoués et d'ailleurs justifiés, ne sont-ils pas autant de preuves de sa culpabilité ?

Il mangeait habituellement chez Lajolais, avec Pichegru, et on se fût bien gardé de l'y inviter, si on eût dû craindre son indiscrétion.

De son propre aveu, outre Raoul Gaillard, il y a vu Polignac (Jules) qui ne pouvait se trouver à Paris que pour conspirer.

Il y a vu aussi l'ex-marquis de Rivière, qui ne pouvait être venu avec de meilleures intentions.

L'ex-marquis de Rivière, avec lequel Pichegru sortait souvent, quand il logeait chez la demoiselle Gilles.

Enfin pendant que tout se méditait, il a reçu de Francfort une lettre signée Rodolphe, contenant pour douze mille livres de lettres de change.

Le paquet renfermait aussi une lettre de son

frère, qui lui disait d'employer cinquante louis pour lui, et de tenir le reste en réserve.

Rien ne pouvait être plus clair.

Il était si persuadé de la destination criminelle de l'envoi, qu'aussitôt la découverte de la conspiration et l'arrestation de Lajolais, il s'empressa de brûler les effets qui lui restaient.

Au lieu de se borner à déclarer qu'il avait bien à-peu-près connu que Georges et ses gens devaient agir contre le premier Consul, il eût pu s'expliquer nettement sur toutes les parties du plan.

C'est évidemment la crainte qu'on ne révélât ce qui le concerne qui l'a empêché de dévoiler tout ce qui regarde les autres.

Il soutient qu'il est innocent; que la situation malheureuse de Pichegru, ami de son frère, l'a intéressé; qu'il ne l'a vu, ainsi que Lajolais, que par sentiment d'amitié; et que sa conduite dans les bureaux du général Moncey a été pure.

ROLLAND.

Il a été entrepreneur général des vivres.

Il a connu Pichegru à l'armée.

Il avait vu chez lui Lajolais.

Il avait aussi connu Moreau à l'armée, et

savait qu'il avait dénoncé Pichegru en l'an 5, comme coupable de trahison.

Lajolais, dans ses différents voyages à Paris, n'avait pas manqué de l'aller voir.

Vers la fin de l'an 11, Lajolais lui dit qu'il partait pour Strasbourg, et qu'il ne tarderait point à voir Pichegru.

Il lui fit espérer que lui-même le verrait aussi bientôt.

Il lui assura que la réconciliation de cet ex-général avec Moreau était scellée.

Après le départ de Lajolais, il fut chez le général Moreau, et lui témoigna la satisfaction qu'il avait d'avoir appris sa réconciliation avec Pichegru.

Lajolais, de retour à Paris, alla le voir le 6 pluviôse dernier.

Il lui parla de Pichegru, lui dit des choses honnêtes de sa part, et l'assura qu'il jouissait d'une bonne santé.

Une personne qui survint l'empêcha d'en dire davantage.

Lajolais retourna chez lui le 9, lui apprit que Pichegru était à Paris, et lui annonça qu'il aurait beaucoup de plaisir à le voir.

L'air mystérieux avec lequel Lajolais lui apprit cette nouvelle eût dû lui faire une forte impression.

Il se borna à lui répondre qu'il éprouverait une grande jouissance en l'embrassant.

Le lendemain il eut encore la visite de Lajolais. Il lui témoigna de l'étonnement de ne pas voir Pichegru l'accompagner. Lajolais lui répondit que Pichegru ne pouvait pas encore se montrer, et qu'il l'avait chargé de le prier de lui procurer, pour quelques jours, un logement où il ne fût pas exposé à être reconnu.

Qu'il l'avait aussi chargé de le prier de devenir intermédiaire entre lui et Moreau, pour les choses qu'ils auraient à se communiquer.

Du 12 au 14, Rolland a été chez le général Moreau pour lui faire part de cette conversation. Moreau lui dit qu'il logerait volontiers lui-même Pichegru, s'il n'avait à craindre que ses domestiques ne le reconnûssent.

En sortant de chez Moreau, il alla rue Culture Sainte-Catherine, pour rendre compte à Lajolais de cette entrevue ; et il lui dit que ne pouvant procurer à Pichegru un logement chez un étranger, il était libre de disposer d'un lit chez lui.

Lajolais instruisit Pichegru de cette offre.

Le 15, il prévint Rolland de son acceptation. Le soir même, il l'amena chez lui.

Couchery le jeune les accompagnait.

Aussitôt qu'ils furent retirés, Pichegru ne lui dissimula pas que c'était la nuit qu'il avait marché pour arriver à Paris, dans la crainte d'être reconnu.

Il le pria de voir Moreau le lendemain, et de lui demander un rendez-vous pour le soir.

Il fit la commission.

Moreau promit de recevoir Pichegru, et envoya son secrétaire le chercher.

Ils montèrent dans le cabriolet de Rolland, et se rendirent à la maison de ce général.

Pichegru, de retour, lui dit qu'il avait vu les princes en Angleterre, et qu'il avait été chargé de faire des ouvertures à Moreau; qu'ils avaient causé de cet objet ensemble, et qu'ils n'étaient point tombés d'accord.

Il le pria de voir Moreau le lendemain, et de lui demander déterminément s'il voulait conduire un mouvement royaliste, et dans l'hypothèse où ses gens agiraient, s'il voulait s'engager à remettre en des mains légitimes l'autorité dont il se trouverait investi.

Il alla réellement le lendemain faire cette ouverture criminelle à Moreau, qui lui dit,

qu'il avait déjà répondu à Pichegru, que
si on voulait agir dans un sens qui paraissait pouvoir réussir, il fallait que les consuls et le gouverneur de Paris disparûssen ;
et qu'alors il croyait avoir un parti assez fort
pour obtenir l'autorité.

Malgré cette réponse, qui ne pouvait laisser
aucun doute sur l'existence d'une conspiration
dont il devait être convaincu d'ailleurs par
la présence de Pichegru à Paris, et par sa
réconciliation avec Moreau, il n'a pas cessé de
voir ces deux hommes; il n'a pas cessé non
plus de voir Lajolais, qu'il avait su aussi avoir
été dénoncé par Moreau, et dont le rôle d'intermédiaire avait dû lui faire naître de violents soupçons.

Arrêté le 25, et conduit au ministère de
la police, il a avoué avoir logé Pichegru;
mais il n'a pas donné les renseignements qu'il
dépendait de lui d'administrer.

Ce n'est que le 29 qu'il s'est clairement
expliqué et qu'il a rendu compte de tous les
faits qui viènent d'être exposés, sauf quelques
nuances que son intérêt personnel lui commandait d'ajouter.

Confronté avec Pichegru et Moreau, il a
persisté.

Il prétend avoir été douloureusement affecté, lorsque Pichegru l'a chargé de la mission qu'il a remplie près de Moreau.

Il prétend l'avoir été encore plus, après l'avoir remplie, et s'être servi d'un stratagème pour tâcher d'éloigner Pichegru, et pour faire cesser tous rapports.

LAJOLAIS.

Le général Moreau, dans sa lettre au citoyen Barthélemy, membre du directoire exécutif, datée de Strasbourg, 19 fructidor an 5, après avoir dénoncé la trahison de Pichegru, avait dit : *Je soupçonne la famille Lajolais d'être dans cette intrigue.*

Ces expressions avaient fait prendre des mesures sévères contre Lajolais.

Cependant, on le voit s'empresser de remplacer David, et de devenir intermédiaire entre l'ex-général Pichegru et le général Moreau.

Cette conduite ne peut s'expliquer que par les motifs qu'on a été obligé d'attribuer à celle de Pichegru, à l'égard de Moreau.

Lajolais a vu Pichegru l'été dernier, il en convient; et, à ce moment, il était déjà l'agent de la conspiration, dont les plans ont pu successivement recevoir des modifications, mais dont le but était toujours l'assassinat du premier consul et l'envahissement du pouvoir.

Il l'a vu, et il ne dissimule pas qu'il s'était chargé de lui procurer une entrevue avec Moreau.

A quoi donc devait servir cette entrevue, si ce n'était pour s'expliquer avec plus de détail sur les moyens d'exécution?

Est-ce que sans un motif aussi fort, Moreau eût pu engager Pichegru à venir sur un territoire dont il était banni, et dans lequel, au premier pas, il devait trouver la mort?

C'est lui (plusieurs conjurés en ont déposé), c'est lui qui, par son rapport sur la situation politique de la France, et sur l'assurance qu'il avait donnée de la disposition générale des esprits, les a déterminés à presser l'exécution des dernières résolutions.

Il a fait avec Pichegru, partie du troisième débarquement, au devant duquel Georges et d'autres conjurés ont été, et a suivi avec Rochelle une des ligues indiquées.

On l'a reconnu.

A peine fut-il à Paris, qu'il s'est empressé d'aller chez Moreau, pour le prévenir de l'arrivée de Pichegru, et lui demander un rendez-vous pour l'ex-général.

Il était au boulevard de la Magdeleine , à l'heure marquée pour l'entrevue.

Il a conduit Pichegru à l'allée où était Moreau.

Il a su les démarches premières de Joyaut, près de Fresnières, secrétaire de Moreau ; il en a connu les causes.

Il était chez Rolland , lorsque Pichegru est monté en voiture avec Fresnières, pour aller conférer avec Moreau, dans sa propre maison.

Il a été dans la rue attendre la sortie de Pichegru , et l'a rejoint aussitôt chez Rolland.

Accompagné de Couchery, il a conduit Pichegru chez Moreau , pour une conférence convenue.

Il a eu l'attention de rester avec Couchery, dans une chambre particulière , pour qu'ils fussent plus libres de s'expliquer.

Georges a été chez lui rue Culture-Sainte-Catherine.

Il a reçu Polignac (Jules), Rivière et Couchery.

Il a logé Pichegru, qu'il a conduit ensuite chez Rolland.

C'est lui et Couchery qui ont accompagné Pichegru, lorsqu'il a été demeurer rue des Noyers, chez la demoiselle Gilles.

Il sait tout ce qui s'est passé à cet égard.

Il ne peut contester qu'il était toujours près de ce chef de conspiration.

Il savait ce que pensaient, ce que faisaient, ce que tramaient presque tous les conjurés.

Ses réponses dans ses interrogatoires et dans ses confrontations sont précises.

Ses déclarations sur les projets sont positives.

Qui pourrait donc n'être pas convaincu qu'il est du nombre des conspirateurs ?

On a trouvé dans ses pièces, un passe-port du 6 fructidor an 11, supposé délivré par le maire de la commune de Saint-Romain, arrondissement d'Amiens ; et le citoyen de Fayfrocourt, maire de cette commune, auquel il a été représenté, a déclaré affirmativement qu'il n'avait point été délivré par lui.

Il a soutenu également, qu'il n'avait écrit ni signé le visa qui est au dos.

Lajolais, confondu sur ce point, a prétendu que c'était Rochelle qui l'avait con-

duit à Saint-Romain , où il avait des parents ;
Rochelle a avoué avoir été avec lui dans cet endroit , mais a fortement nié qu'il se fût occupé
du passe-port.

Il devait en coûter peu à un conspirateur
de devenir faussaire.

Lajolais , qui avait besoin de ce passe-port
pour voyager dans l'intérieur , et qui savait
bien les moyens qu'il pouvait employer aux
frontières , est évidemment le fabricateur ou
le complice de la fabrication de ce passe-port.

On n'avait pas besoin de ce trait pour être
en mesure d'apprécier sa moralité ; mais il est
cependant bon à relever , pour que la France
connaisse de plus en plus les hommes qui
voulaient régler ses destinées.

Il soutient qu'il n'a jamais eu d'intentions
criminelles.

M O R E A U.

Lorsqu'il s'agit de conspiration contre l'État,
aucune considération ne doit arrêter l'homme
de bien.

La dénonciation devient une obligation
sacrée ; s'y soustraire est un crime.

Ce que l'intérêt national commande à tous ,
il le commande bien plus impérieusement en-

core à ceux qui occupent des places de haute confiance, et qui sont chargés de veiller au salut de la patrie.

Le général Moreau, à la tête de l'armée du Rhin, ne pouvait donc garder le silence sur la découverte des preuves que Pichegru était un chef de conspiration, sans se rendre coupable de crime de lèze-nation.

L'influence que Pichegru, devenu représentant du peuple, paraissait exercer sur une partie des membres du corps législatif, était un motif de plus pour se hâter d'éclairer le Gouvernement.

Cependant il a été quatre mois et demi sans rien dire de cette découverte, et il n'en a parlé qu'au moment où il a su que le directoire avait arraché le masque du conspirateur, et que sa déportation avait été ordonnée ?

Tout homme accoutumé à réfléchir sur les évènements et à juger, est donc obligé de se dire : Si après le 18 fructidor, Moreau a dénoncé Pichegru, ce n'a été que pour détourner des soupçons qui devaient le perdre lui-même, sans sauver son ami.

Il faut, au surplus, examiner sa conduite après la dénonciation.

Dans sa lettre portant la date du 19 fructidor an 5, adressée au citoyen Barthélemy, alors
membre du directoire, Moreau avait présenté
Pichegru comme très-compromis dans la correspondance de Klinglin, saisie à Offembourg,
le 2 floréal précédent.

Il l'avait présenté comme destiné à jouer un
grand rôle dans le rappel du Prétendant.

Il avait dit que la guerre civile ne pouvait
qu'être le but de *ses projets.*

Dans une proclamation du 23 faite à l'armée
de Rhin et Moselle, il s'exprime en ces termes :

*Il n'est que trop vrai que Pichegru a trahi
la confiance de la France entière.*

*J'ai instruit un des membres du directoire,
le 17 de ce mois, qu'il m'était tombé entre
les mains une correspondance avec Condé et
d'autres agents du Prétendant, qui ne laisse
aucun doute sur cette trahison.*

Dans sa lettre au directoire, en date du 27
vendémiaire an 7, en parlant de Pichegru, il
dit : *Nous avons été amis pendant que nous
avons défendu la même cause ; et nous avons
cessé de l'être, quand j'ai eu la preuve qu'il
était l'ennemi de la République française.*

Il ne devait donc avoir qu'un sentiment d'horreur pour Pichegru.

Pichegru, de son côté, ne devait avoir qu'un sentiment de haine pour lui.

Dès ce moment, une barrière insurmontable devait donc les séparer pour jamais.

S'il est constant, malgré ces vérités, qu'une réconciliation ait été scellée ;

S'il l'est que ces deux hommes ayent eu des intermédiaires, pour s'entendre de Londres à Paris, et de Paris à Londres ;

S'il l'est qu'ils ayent eu des conférences à Paris,

On doit le dire sans hésiter ; la cause extraordinaire de cette violation de toutes les lois de l'honneur, ne peut se trouver que dans un pacte sacrilège formé entre eux, pour la réussite d'une conspiration.

Eh bien ! il existe des preuves irrésistibles de la réconciliation, de la correspondance et des conférences.

La réconciliation a été scellée par l'intermédiaire de David, un des complices de la conspiration.

Tout en dépose dans l'instruction. On en trouve l'aveu dans un interrogatoire par lui

subi ; devant le préfet de police de Paris ,
le 25 frimaire an 11.

On le trouve encore dans une lettre à un de
ses amis , en date du 29 octobre 1802. Il a
même l'attention d'inviter cet ami à se taire.

Lajolais a déclaré , le 25 pluviôse an 12 ,
qu'il avait su , par l'intermédiaire d'un ami
commun (l'abbé David), que Pichegru et
Moreau , long-temps divisés , s'étaient enfin
réconciliés.

Moreau n'en voulait certainement plus à
Pichegru, lorsque, postérieurement au 14 messidor an 10 , en parlant de lui , il disait à
David , dans une lettre : au surplus, citoyen, sa
situation me fait infiniment de peine , et je
saisirai toujours avec plaisir l'occasion de lui
être utile.

Il ne lui en voulait plus , lorsqu'il ajoutait:
*Vous avez fait entendre à mon secrétaire,
que je m'étais opposé à sa rentrée en France ;
soyez certain que cela est d'autant plus faux ,
que si l'autorité me faisait dire que je suis
le seul obstacle à sa rentrée, je me hâterais de
le faire cesser.*

A l'égard de la correspondance entre Moreau
et Pichegru , de Paris à Londres et de

14

Londres à Paris, par intermédiaire, elle est prouvée par les pièces saisies lors de l'arrestation de David, et par celles saisies lors de l'arrestation de Moreau.

On y voit clairement que c'est David qui a été chargé de la réconciliation honteuse qui a été effectuée.

Qu'il envoyait à Pichegru copie des lettres qu'il recevait de Moreau, et sans doute celles qui étaient pour lui;

Qu'il lui envoyait même copie de ses propres lettres à Moreau;

Qu'il envoyait à Moreau copie des lettres qu'il recevait de Pichegru, et sans doute celles qui étaient pour lui.

Une lettre de Pichegru annonce nettement que c'est lui qui faisait partir David pour Londres, et qui avait envoyé l'argent pour le voyage.

David devait être, en se rendant à Londres, la correspondance vivante, comme Lajolais l'a été ensuite entre Pichegru et Moreau.

Il n'y a donc plus qu'une démonstration à faire, c'est celle de l'existence des preuves des conférences à Paris entre Pichegru et Moreau.

Lajolais a avoué dans son interrogatoire du 25 pluviôse, que l'été dernier, il avait eu des

conférences à Paris avec Moreau, relativement
à Pichegru ; que Moreau lui avait témoigné le
desir d'avoir une entrevue avec Pichegru, et
qu'il s'était chargé de la procurer.

Que, passé en Angleterre, Pichegru lui
avait exprimé le même desir.

Le 26, il a dit qu'arrivé à Paris avec Pichegru, il avait été en prévenir le général Moreau.

Qu'il avait été une autre fois chez lui, un
matin, pour lui demander un rendez-vous ;

Qu'il lui avait indiqué le boulevard de la
Madeleine, depuis la rue de Caumartin jusqu'à
l'église de la Madeleine, pour neuf heures
précises du soir ;

Qu'il lui avait assuré qu'il y serait en habit
bleu et chapeau rond ; qu'il frapperait la terre
de quelques coups de canne ; qu'il viendrait
par le boulevard, du côté de la rue Caumartin ;

Qu'il n'avait qu'à venir du côté opposé ;

Qu'en effet, à neuf heures précises, il l'a-
vait rencontré au milieu de ce boulevard ;

Qu'il avait prévenu le soir même Pichegru,
maison de Chaillot, nº. 6.

Que Pichegru lui avait dit qu'à la même
heure il se trouverait en fiacre dans la rue
Basse que borde le boulevard ;

14.

Qu'une seconde avant de rencontrer Moreau, quelqu'un qui l'avait reconnu, lui avait dit : *Le général est arrivé, il est dans ce fiacre-là*, en indiquant du doigt la voiture ;

Qu'à l'instant il avait rencontré Moreau, auquel il avait dit : Le général est arrivé ;

Qu'alors Moreau lui avait indiqué l'allée du côté de la rue des Capucines, où la lune donnait moins, en le priant d'y faire passer le général Pichegru ;

Qu'il s'était rendu à la portière ; que Pichegru était précisément du côté par lequel il arrivait ; qu'il lui avait semblé qu'il n'était pas seul ;

Qu'à l'instant Pichegru avait ouvert la portière, et l'avait suivi sur l'autre côté du boulevard ;

Que, les ayant réunis tous deux, il s'était retiré, sans savoir si Pichegru était ou n'était pas suivi de ceux qui pouvaient être avec lui dans sa voiture ;

Qu'il n'avait pas eu la curiosité de demander, soit à l'un, soit à l'autre, le résultat de leur conférence.

Couchery (Victor) a dit dans sa déclaration, avoir eu connaissance de cette entrevue.

Il a ajouté qu'ayant été chercher Pichegru

avec Lajolais, pour le conduire à une autre
conférence, Georges lui avait dit : Aujour-
d'hui Moreau ne se plaindra pas ; je n'y serai
point.

Bouvet de Lozier a déclaré que, lorsque
Lajolais avait été prendre Georges et Pichegru
pour les conduire à Moreau, il était dans la
voiture avec eux, boulevard de la Madeleine.

Polignac (Armand) qui a logé à Chaillot avec
Georges et Pichegru, a déclaré qu'il avait su
qu'il y avait eu une conférence très-sérieuse à
Chaillot, maison n°. 6, entre Georges, Pichegru et Moreau.

Moreau, confronté à Lajolais, a prétendu
qu'il avait refusé constamment de se trouver
aux rendez-vous qui lui avaient été indiqués ;
mais cette dénégation ne peut atténuer une vérité aussi bien établie.

Louis Picot a déclaré que, le 13 ou le 14 pluviôse dernier, il s'était rendu, vers les neuf
heures du soir, avec Villeneuve et Pichegru
dit Charles, dans l'avenue le long de la rivière,
aux Champs-Élysées ;

Qu'ils y avaient passé fort tranquillement à
côté d'une patrouille ; que Pichegru attendait
quelqu'un qui ne vint pas ;

Qu'ils étaient tous armés ; que Pichegru avait

de longs pistolets garnis en argent , et un poi-gnard , qui était l'arme de tous ;

Qu'ils étaient retournés à Chaillot.

Que Moreau ait manqué au rendez-vous , on peut le croire ; mais on ne l'eût pas attendu , s'il n'eût pas promis.

Lajolais a déclaré , le 27 pluviôse , que Joyaut dit Villeneuve , lié avec le secrétaire de Moreau , nommé Fresnières , s'était , à la sollicitation de Georges , adressé à ce secré-taire , pour tâcher de faire sonder Moreau.

Léridant a dit le 19 ventôse , à la préfecture de police , qu'il avait connu Fresnières , parce qu'un jour, Joyaut l'avait chargé de lui porter une lettre; que la lettre invitait Fresnières à se rendre de suite auprès de Joyaut , où il l'avait conduit , rue de Carême-Prenant.

Le général Moreau est convenu qu'il avait été fait des propositions à son secrétaire , qui lui en avait rendu compte.

Ces propositions étaient faites par Joyaut dit Villeneuve , accusé d'être un des auteurs de la journée du 3 nivôse.

Par Joyaut , aide-de-Camp de Georges :... et Moreau , qui n'a pas instruit le gouvernement , serait étranger aux combinaisons d'assassinat et de subversion!!

Rolland a déclaré, le 29 pluviôse dernier, que Lajolais lui avait dit que Pichegru, dont il lui avait annoncé l'arrivée, l'avait chargé de l'inviter à lui procurer un logement pour quelques jours, et de devenir intermédiaire entre Moreau et lui, pour les choses qu'ils auraient à se communiquer;

Qu'il avait été chez le général Moreau, qui lui avait dit qu'il logerait volontiers Pichegru, s'il n'avait à craindre une quantité de domestiques qui pourraient le reconnaître;

Qu'il s'était rendu rue Culture-Sainte-Catherine, pour faire une visite à Lajolais, et qu'il lui avait dit, que ne pouvant procurer à Pichegru un logement étranger, il était libre de disposer d'un lit chez lui;

Que le 15, Lajolais avait été lui annoncer que son ami acceptait ce lit avec reconnaissance;

Que le soir même, il lui avait amené Pichegru;

Que Pichegru, après différentes explications, l'avait prié de voir Moreau le lendemain, et de lui donner un rendez-vous pour le soir;

Qu'il avait fait la commission ;

Que Moreau lui avait dit qu'il le recevrait ;

Que son secrétaire était venu le chercher le soir.

Qu'on lui avait demandé son cabriolet, et que pendant l'absence de Pichegru, il avait été faire ses affaires ;

Que Pichegru de retour, lui avait fait entendre que Moreau avait des projets bien autres que ceux qu'il lui supposait ;

Qu'il lui avait dit qu'il avait vu les princes en Angleterre ; qu'il avait été chargé de faire à Moreau des ouvertures ; qu'il avait causé de cet objet avec lui, mais qu'ils n'étaient pas tombés d'accord.

Lemaire, domestique de Rolland, en désignant un individu, qui est bien Pichegru, a dit que le second jour qu'il avait couché chez son maître, il l'avait conduit dans le cabriolet avec un autre, rue de la Ville – l'Evêque, contre la rue de la Madeleine ;

Qu'il était descendu à pied, en lui disant de rester là à l'attendre ;

Que celui qui l'accompagnait et qu'il avait pris dans la cour même de l'hôtel, avait été avec lui ;

Qu'une heure s'était passée sans qu'il revît ni l'un ni l'autre;

Qu'au bout d'une heure, l'individu logeant chez son maître était revenu, était remonté dans le cabriolet, et était rentré à environ neuf heures.

Lajolais, dans un interrogatoire du 26 pluviôse, a déclaré que c'était Fresnières qui était dans le cabriolet de Rolland avec Pichegru;

Que lui, avait attendu Pichegru; qu'il l'avait trouvé revenant de la conférence de chez Moreau; qu'il l'avait laissé continuer sa route, jusque chez Rolland, dans le cabriolet;

Qu'il l'avait rejoint chez Rolland, et avait causé avec lui environ un quart-d'heure.

Confronté avec Rolland le neuf germinal dernier, Moreau n'a pas pu contester que Pichegru avait été chez lui le soir indiqué.

Il a prétendu qu'au lieu d'avoir envoyé Fresnières pour le chercher, il l'avait seulement envoyé pour savoir ce qu'il voulait;

Comme si Fresnières eût amené Pichegru sans en avoir l'ordre précis!

Comme si, en admettant que Moreau ne fût pas d'accord, il eût gardé Pichegru une heure dans sa maison!

Bouvet a parlé d'une seconde conférence, dans laquelle Moreau avait donné à entendre qu'il était nécessaire, pour réussir, de le nommer dictateur.

Il a encore été déclaré, par Rolland, que le lendemain de l'entrevue dont on vient de parler, il avait été pour Pichegru chez Moreau, et on en connaît le motif.

Enfin, il a été attesté par Lajolais, que pour une autre conférence il avait été prendre Pichegru à Chaillot, sur les sept heures et demie;

Que c'était un jour que Moreau devait avoir assemblée;

Que ce rendez-vous avait été indiqué par Moreau lui-même, dans sa maison;

Qu'il paraissait que personne n'était encore arrivé;

Qu'ils étaient passés ensemble dans le salon de Moreau, où lui, Lajolais, était resté par discrétion;

Que Pichegru et Moreau s'étaient retirés dans la bibliothèque; que la conférence avait duré environ une demi-heure;

Que Pichegru avait pris un fiacre pour retourner probablement à Chaillot.

Couchery a dit qu'il avait accompagné Pi-

chegru avec Lajolais, et qu'il était resté avec
ce dernier pendant la conférence.

Moreau n'a pu nier que Lajolais, Couchery et Pichegru avaient été chez lui ensemble.

Il a tenté d'accréditer l'idée qu'il n'avait
pas voulu avoir de conférence avec Pichegru,
et Couchery a soutenu que Pichegru était resté
chez Moreau environ un quart-d'heure, et Lajolais a attesté qu'il y était resté une demi-heure.

Est-il un être raisonnable qui puisse maintenant révoquer en doute ces conférences?

En est-il un qui puisse se tromper sur la
cause?

On n'a pas oublié toutes les déclarations
accablantes contre Moreau, qui ont été re-
levées dans les preuves sur l'existence de la
conspiration.

On se souvient que Rusillion a déclaré qu'on
lui avait indiqué Georges, Pichegru et Moreau, comme en étant les chefs.

Qu'il a dit qu'ils s'étaient vus à Paris;

Qu'il a attesté que Lajolais, en arrivant à
Londres, avait assuré que Moreau, mécontent
du gouvernement du premier Consul, desirait et voulait aider de tout son pouvoir à
le renverser;

On se rappèle que Bouvet a présenté Moreau sous les mêmes couleurs ; qu'il a dit qu'il n'avait aucun doute que l'arrivée de Lajolais à Londres n'eût décidé le départ de Pichegru pour la France ;

Que Lajolais avait confirmé toutes les espérances que l'on avait conçues sur Moreau ;

Que Rochelle a attesté qu'à Londres on comptait sur Moreau, et que Lajolais, à Paris, lui avait toujours dit que Moreau était dans les meilleures dispositions pour l'exécution du plan.

On se souvient également des dépositions des quatre témoins qui ont affirmé que Roger dit Loiseau, leur avait dit que Moreau, Pichegru et Georges, étaient les trois chefs de la conspiration.

On n'a pas perdu de vue la fameuse ouverture faite par Rolland, au nom de Pichegru, à Moreau, pour avoir une réponse définitive.

Et encore moins cette réponse de Moreau : *Je ne puis me mettre à la tête d'aucun mouvement pour les Bourbons ; ils se sont tous si mal conduits, qu'un essai semblable ne réussirait pas. Si Pichegru fait agir dans un autre sens, et en ce cas je lui ai dit qu'il* FAUDRAIT QUE LES CONSULS ET LE GOU-

VERNEUR DE PARIS DISPARUSSENT; *je crois avoir un parti assez fort dans le sénat pour obtenir l'autorité; je m'en servirai aussitôt pour mettre son monde à couvert, ensuite de quoi l'opinion dictera ce qu'il conviendra de faire ; mais je ne m'engagerai à rien par écrit.*

On n'a pas plus perdu de vue la déclaration du ci-devant comte d'Artois à Lajolais, que si les deux généraux pouvaient bien s'entendre, il serait bientôt en France.

Celle de Lajolais, que Pichegru revenant d'un rendez-vous avec Moreau, lui avait semblé mécontent, et qu'il lui avait dit : Il paraît que ce B...là a aussi de l'ambition, et qu'il voudrait régner ;

Celle de Picot, à qui les chefs avaient souvent répété qu'ils étaient fâchés que les princes eussent mis Moreau dans l'affaire;

Celle encore de Bouvet, que Moreau ferait présenter *le Prince aux Armées* ;

L'aveu enfin de Moreau, consigné dans sa lettre au premier Consul, en date du 17 ventôse dernier, réitéré dans son interrogatoire, qu'il lui a été fait des ouvertures : ....
Que faut-il donc de plus pour avoir la conviction que Moreau est réellement l'un des chefs de la conspiration ?

S'il n'eût pas été coupable, aurait-il, dans son premier interrogatoire devant le grand-juge, soutenu qu'il ne savait pas même que Pichegru était à Paris ?

Aurait-il dissimulé qu'il l'avait reçu chez lui ?

Aurait-il nié qu'il eût été jamais question de réconciliation entre eux ?

Eût-il, après de longues réflexions, persisté devant le magistrat chargé de l'instruction ?

La vérité est toujours respectée par l'homme qui n'a point à redouter qu'elle soit connue, et le crime seul est intéressé à la déguiser.

Ses dénégations avaient été concertées à l'avance avec Pichegru qui affecta de paraître indigné, lorsqu'on lui demanda s'il s'était reconcilié avec lui, et dit *que la réconciliation n'avait lieu entre militaires que lorsqu'ils s'étaient arrangés*, et *qu'ils n'en avaient pas eu l'occasion*.

Sa conduite devait être et a été la même à l'égard de Georges. Il a nié l'avoir jamais vu, et l'instruction administre une masse de preuves de leurs entrevues, de leurs conférences et de leurs rapports.

Les conséquences à tirer sont terribles ; la justice saura les saisir. Elle restera convaincue que si l'assassinat du premier Consul n'a point été commis, que si la guerre civile n'est pas allumée en France, c'est parce que Moreau a voulu la dictature, sauf à nous remettre ensuite sous un joug brisé depuis douze années, en rappelant une dynastie abattue par ses fautes et ses vices, et proscrite à jamais par la volonté nationale.

Il a présenté, comme moyens justificatifs, qu'il avait servi sous les ordres de Pichegru, et qu'il eût été couvert de honte s'il l'eût dénoncé.

Mais est-ce qu'il ne l'a pas dénoncé en l'an 5, comme coupable de trahison et de conspiration?

Est-ce qu'il n'a pas proclamé ses crimes à la tête des armées?

Est-ce que depuis, au lieu d'abjurer ses torts, Pichegru, au su de toute l'Europe, ne s'était pas sans cesse occupé de les aggraver?

Est-ce que d'ailleurs les projets qu'il lui confiait, et l'image de sa patrie couverte de monceaux de cendre et de cadavres ensanglantés, pouvaient lui permettre de balancer, s'il n'eût pas juré fidélité entre les mains des conspirateurs?

D A V I D.

Il fut long-temps curé de Pompadour.

En 89 il jouissait d'une cure à portion con-grue dans le département de la Corrèze.

Il se montra, dans les premiers moments, chaud partisan de la révolution.

On le vit figurer dans l'administration dé-partementale.

Il est oncle, à la mode de Bretagne, d'un général.

En 1792, vers le mois de janvier, quelques contrariétés le déterminèrent à se rendre près de lui à l'armée.

Il resta jusqu'en 1796, armée du Nord et du Rhin.

Il faisait des écrits pour les états-majors, et corrigeait ceux qu'on soumettait à sa censure.

Il avait réuni beaucoup de matériaux sur les campagnes de Pichegru, dont il devait bien connaître les trahisons ; il s'occupa de l'ouvrage historique de ses batailles.

Toujours remuant, il trouva le moyen de se faire attacher, en 1797, à une petite lé-gation, qui fut envoyée dans le Valais pour traiter avec le roi de Sardaigne.

Le citoyen Durand était chef de cette légation.

Elle fut rappelée, puis renvoyée en Valais, et revint enfin sans avoir été d'aucune utilité.

David prétend avoir été ensuite à Pompadour, et y être resté jusqu'au 18 fructidor.

Il soutient aussi avoir été signalé, après le 18 fructidor, à cause de ses relations avec Pichegru.

Son neveu qui avait été destitué après cette journée, ayant été réintégré, il le suivit.

Il resta à l'armée de Mayence jusqu'au passage du Rhin.

Il joignit alors celle de Masséna, et devint garde-magasin dans le Valais.

Il était à Zurich à l'époque du 18 brumaire. Il crut que cet événement pourrait être favorable à son ambition ; il arriva àParis pour faire solliciter.

Il fut nommé secrétaire-général du département des Pyrénées-Orientales.

Au bout de quatorze mois la place ne lui convint plus.

Il voulut reprendre les fonctions sacerdotales.

L'évêque de Limoges le nomma son vicaire-général.

15

Au lieu d'aller à son poste , il vint à Paris , et loua un logement rue de Beaune.

Quoiqu'il en puisse dire , il n'a jamais perdu de vue l'ex-général Pichegru ; il n'avait pas plus oublié ses projets.

Il avait vu aux Tuileries Badonville , son ancien adjudant-général , qui était resté chez lui près d'un mois à Londres.

Il voyait tout ce qui pouvait être en relation avec cet ex-général ; il était instruit de ses dernières résolutions , lorsqu'il écrivit le billet suivant au général Moreau , le 6 prairial an 10.

« J'ai à vous dire quelque chose en particulier qui vous intéresse beaucoup. Puis-je espérer que vous m'accorderez six minutes d'audience ? Si vous vous décidez à cela , je vous prie de m'assigner le jour , l'heure et le lieu où il vous plaira de m'accorder cette grace.

» Je loge rue de Beaune , hôtel d'Irlande , n°. 627.

» Je vous salue avec respect, Signé *David*.

Le mystère dont ce billet est environné , l'importance du secret pour le général Moreau , n'annonçaient pas une intention simple et bénévolement conçue de réconciliation.

David sait écrire et dire avec précision ce qu'il veut; il ne se trompe pas sur le choix des expressions.

Il a déclaré, le 25 frimaire an 11, que Moreau lui avait envoyé son secrétaire pour lui donner sur ce billet un rendez-vous chez lui, maison de sa belle-mère.

Qu'il y avait été, qu'il y était resté un quart d'heure, et qu'il l'avait trouvé fort peu disposé à une réconciliation.

Il fallait un prétexte; David s'était probablement servi de cette idée, et avait suspendu, pour s'ouvrir sur le point essentiel, jusqu'à ce qu'il fût parvenu à effacer toutes les impressions défavorables.

Après cette entrevue, il écrivit à Pichegru.

« Vous avez beaucoup d'amis dans le militaire et presque pas d'ennemis. Je pense que le Breton n'est votre ennemi qu'accidentellement; si votre présence ne l'accusait pas, il ne vous haïrait pas; mais vous savez qu'il est plus difficile de pardonner le mal qu'on a fait que celui qu'on a souffert ».

C'eût été un coup de maître d'opérer tout à la fois la réconciliation, l'intelligence et la rentrée en France.

15.

David l'avait évidemment pensé, et s'occupait de ces trois choses.

Dans ses démarches pour la rentrée, on n'avait pas manqué de lui parler de la dénonciation du général Moreau et de ses dispositions. Il avait écrit au général Moreau afin d'avoir une réponse ostensible.

Depuis l'entrevue, maison de la belle-mère de ce général, il avait eu la liberté de le voir ; il avait vu aussi particulièrement son secrétaire Fresnières, qu'il savait avoir de l'ascendant sur lui ; il connaissait sa dernière pensée. Voici, en effet, la réponse qui lui fut faite.

« J'ai reçu, monsieur, votre lettre du 14 messidor relative au général Pichegru ; vous m'y parlez d'un événement dont je ne veux nullement me justifier.

» Si quelqu'un peut me faire des reproches d'avoir gardé pendant quatre mois des papiers pris à un état-major ennemi ; c'est sûrement le gouvernement qui avait droit de les exiger tout de suite, et non le général Pichegru que je croyais y voir impliqué, et que je voulais soustraire à une accusation.

» J'ai bien regretté que le parti qu'il a

pris dans les trois dernières campagnes ait confirmé cette opinion.

» Au surplus, croyez que sa situation me fait infiniment de peine , et que je saisirai toujours avec plaisir l'occasion de lui être utile.

» Vous avez fait entendre à mon secrétaire que je m'étais opposé à sa rentrée en France ; soyez certain que cela est d'autant plus faux , que si l'autorité me faisait dire que je suis le seul obstacle à sa rentrée , je me hâterais de le faire cesser.

» Recevez l'assurance de la considération avec laquelle je suis. »

S'il fallait un nouvel aveu de la trahison de Moreau , en ne dénonçant pas Pichegru comme conspirateur ; s'il fallait une nouvelle preuve de son intention de le sauver , ne les trouve-rait-on pas dans cette réponse dont la minute , de la propre main de Moreau, a été saisie dans ses papiers ?

Ce fut après cette lettre, qui eût bien mis David en état d'apprécier les deux généraux , que se fit et que devait se faire l'ouverture. Celui qui a étudié les hommes, ne peut s'y tromper.

Une correspondance suivie eut lieu alors entre David et Moreau.

David lui envoya copie de toutes les lettres qu'il reçut de Pichegru et de toutes celles qu'il écrivit à ce dernier, comme il envoya à Pichegru copie de toutes ses lettres à Moreau, et de toutes celles qu'il en reçut.

On en trouve la preuve dans une lettre à Pichegru, sous le nom de Wallis, à Londres, datée du 21 août 1802.

Il est convenu que c'était sous ce nom qu'il lui écrivait.

Que cette lettre ait été envoyée ou non, peu importe; elle n'est pas moins expressive sur les faits. Malgré l'intrigue qu'il suivait et les espérances qu'elle lui avait fait naître, David pensant que les projets de Pichegru pouvaient ne pas réussir, avait cru bon de solliciter un évêché; il avait déterminé le général Moreau à écrire en sa faveur.

Il avait surtout convoité celui de Troyes, afin, disait-il à ce général, d'être sur sa route.

Sa demande n'ayant pas été écoutée, on conçoit qu'alors il devait avoir encore plus de zèle pour la contre-révolution.

Il était dans cet état de dépit, lorsque Pichegru, qui regardait les moments comme infiniment pressants, ne pouvant s'expliquer assez clairement avec lui par lettre, et desirant le voir à Londres, lui écrivit, le 27 octobre, la lettre qui suit :

« C'est une maladresse de ma part, mon cher ami, de n'avoir pas prévu que le nom manquant, la chose devait être difficile à trouver; mais voici un moyen d'y pourvoir.

» Mon frère vient de m'informer qu'il a touché quelques louis pour moi : je joins ici un mot pour qu'il en remette douze au porteur. Comme je ne fais mention d'aucuns noms, vous serez le maître de les aller prendre vous-même ou d'y envoyer quelqu'un ; dans ce dernier cas, vous n'auriez qu'à plier et cacheter la dernière feuille de cette lettre.

» Vous ne m'avez pas reparlé de L...; lui avez-vous envoyé une petite lettre? Je m'attendais à en recevoir réponse.

» Allons, mon cher ami, je vous attends avec impatience; prévenez-moi deux à trois jours à l'avance de votre départ. Si vous pouviez m'apporter un petit mot de l'ami, cela me ferait grand plaisir. »

Cette lettre lui fut adressée rue de Beaune, n°. 627, à Paris.

Il ne l'avait pas encore reçue lorsque, le 27,

il disait dans un *post scriptum*, à un de ses amis :

« J'ai fait une bonne œuvre, j'ai réconcilié Moreau avec Pichegru; l'un et l'autre étaient mes amis, l'un et l'autre sont de braves gens; ils s'étaient désunis faute de s'être expliqués : je les ai rapprochés. Ceci ne doit pas être public.

On conçoit bien que l'invitation de Pichegru était décisive.

David touche l'argent; il va voir Moreau : on s'explique de nouveau sur toutes les circonstances.

Il part.

Ses indiscrétions avaient fixé l'attention de la police, ses démarches avaient été suivies, des rapports avaient éclairé; on l'arrête à Calais.

Le 5 frimaire, il écrit au grand-juge.

On lit dans cette lettre, entre autres choses : *J'allais en Angleterre chercher un ami qui m'a sauvé la vie et la liberté; je m'étais conformé aux lois sur les passeports.*

A la fin :

Si vous voulez savoir le sujet de mon voyage, les généraux Donzelot, Lieber, Macdonald, etc., vous le diront. Je n'allais

en Angleterre que pour y chercher Pichegru,
pour le déterminer à quitter l'Angleterre,
et pour tâcher de lui faire obtenir sa rentrée:
si c'est un crime, c'est l'amitié et la recon-
naissance qui me l'ont fait commettre ; et
quelque chose qui arrive, je n'en aurai ja-
mais de remords.

Le même jour, il écrit au général Macdonald, lui marque qu'on n'a pas saisi un bout
de papier qui pût le compromettre, et l'invite à presser une décision.

Il a l'attention d'écrire le lendemain, dans
le même sens, au général Moreau.

Il l'invite à le servir de tout le crédit de ses
amis pour le faire juger promptement.

Transféré à Paris, on l'interroge le 25 frimaire an 11.

Ce n'est plus pour ramener l'ex-général
Pichegru en France qu'il passait à Londres ;
c'est, 1°. pour le voir ;

2°. Pour assister de ses avis une dame qui
est à Londres, à la suite de la succession d'une
de ses sœurs ;

3°. Pour s'y établir, parce qu'on lui a fait
espérer une place de 250 livres sterling, la
nourriture et le logement, pour faire l'édu-
cation d'un jeune seigneur anglais dont on ne

lui a pas dit le nom ; et l'on n'a rien trouvé dans les pièces saisies qui puisse concorder avec ces allégations.

Il a prétendu que c'était un général français qui lui avait prêté des fonds pour partir, et il n'en avait pas besoin, puisque Pichegru lui en avait fait toucher.

La lettre de Pichegru est accablante contre lui.

Il eût essayé en vain de s'en dissimuler la force ; aussi, en reconnaissant, le 10 floréal an 12, qu'elle était de la main de cet ex-général, a-t-il soutenu qu'elle lui avait été écrite en 1796, lorsque Pichegru était du côté du Jura ; mais l'imposture était sensible, et d'ailleurs facile à faire constater.

Il a été reconnu à l'administration des postes, et constaté authentiquement par le directeur-général, le 11 floréal an 12, qu'elle venait d'Angleterre, et qu'elle avait été délivrée en l'an 11.

Le timbre du lieu parle ; et on lit sur un autre, à côté, les mots : *an onze*.

Cette imposture affectée achève de tout décéler ; elle dissipe tous les nuages dont la vérité pourrait encore être enveloppée.

L'innocence ne connaît que les aveux naïfs.

Qui pourrait maintenant contester, qu'au moment où David reçut la lettre du 27 octobre, il jouait à Paris, près de Moreau et des affidés de Pichegru, le même rôle que Lajolais a joué après?

Cette lettre, qu'il faut relire, prouve que déjà Pichegru l'avait engagé à partir; mais qu'un nom manquant dans une adresse, il n'avait pu toucher de fonds.

Elle prouve l'impatience.

Lorsque Pichegru dit à David : *Vous me feriez bien plaisir, si vous pouviez m'apporter un petit mot de l'ami*, est-ce qu'il n'est pas de toute évidence, que c'est de Moreau qu'il parle?

Le général Moreau, prévenu de l'arrestation de David, avait su dissimuler combien elle l'avait affecté.

Il avait eu la politique de ne pas faire de démarches; mais il avait pensé que le défaut de témoignage d'intérêt, pouvait déterminer David à tout dire et à tout démasquer; il avait su trouver, par son secrétaire, le moyen de prévenir cet inconvénient.

Lajolais a fait, à cet égard, une déclaration qui jète le plus grand jour.

Dans un interrogatoire du 30 pluviôse an

12, il a déclaré, qu'en remettant à Moreau, l'été dernier, la lettre de Pichegru, qui l'avait chargé de prendre aussi des renseignements près de lui sur la détention de David, Moreau lui avait dit, qu'il avait été arrêté à Calais, au moment où il allait s'embarquer pour l'Angleterre.

Qu'il avait ajouté les expressions suivantes :

« La police a mis la plus grande perfidie dans la manière dont on l'a arrêté ; il a été long-temps sans qu'on ait pu communiquer avec lui ; mais depuis quelque-temps, je reçois assez fréquemment de ses nouvelles, par l'intermédiaire de mon secrétaire, qui connaît un nommé Vitel, neveu de Fauche Borel, qui a la facilité d'entrer au Temple. »

En effet, Fauche Borel est au Temple ; son neveu, qui allait le voir, pouvait aussi parler à David.

Ce neveu a été arrêté, et est au Temple.

Il est prévenu d'avoir facilité l'évasion de son oncle, de la tour du Temple, le premier janvier dernier.

Il est convenu, que ce jour-là David avait dîné avec lui et son oncle au Temple.

La liaison de David avec Fauche Borel, n'a rien qui puisse surprendre ; on sait com-

ment ce Borel figure dans la correspondance
saisie dans le chariot de Klinglin, à Offembourg, et qui décèle les trahisons et les projets de Pichegru ;

Que ce jeune homme, voyant qu'il s'agit
de conspiration, ne veuille plus avouer ses
relations avec Fresnières, c'est une chose à
laquelle on devait s'attendre.

Lors de la confrontation de Lajolais avec
Moreau, cet interrogatoire a été lu, et le
général Moreau, qui a médité et écrit ses
réponses avant qu'elles fussent consignées,
n'a pas fait une seule observation sur ce
point.

Il a donc reconnu formellement, que la
déclaration de Lajolais était vraie.

La conséquence à tirer et contre Moreau
et contre David, a une force invincible.

Les dénégations en instruction sur cons-
pirations, font et doivent faire peu d'impression, mais les aveux en doivent faire d'ineffaçables.

C'est après ces développements, qu'il convient de jeter les yeux sur une lettre de l'é-
pouse du général Souham, à David.

Elle est du 11 brumaire an 11.

Voici comme elle commence :

Mon cher David, vous êtes plus mauvaise tête que je ne l'avais jugé ; vous heurtez celles qui sont irritables, au lieu de les calmer ; cela n'est pas pardonnable à l'homme de Dieu.

Elle lui dit plus loin, parlant de son mari : *Ce n'est pas avec des caustiques qu'on adoucit les playes encore vives ; quant à sa conduite d'homme d'État, elle est si modérée à l'égard de ses opinions, que c'est presque l'insulter que de lui témoigner des extrêmes : cela le fâche d'autant plus de vous, qu'il vous a vu dans des opinions bien contraires à celles que vous lui faites connaître maintenant.*

Et plus bas, *s'il arrivait des évènements orageux et que l'on vît vos lettres, quoiqu'innocent, votre style pourrait le faire paraître coupable, et vous jugez pour un père et une mère de famille, combien notre position serait douloureuse !*

Il est impossible de n'être pas persuadé en la lisant, que David qui avait pu souvent donner de mauvais conseils à son neveu, cherchait à l'exaspérer, pour le ranger plus facilement du bord des conspirateurs.

Que faudrait-il donc de plus pour achever de se convaincre de l'immoralité de l'homme,

et de son dévouement sans réserve à la conspiration ?

Pour sa justification, il a allégué que ses
intentions étaient pures lorsqu'il avait entrepris
et consommé la réconciliation. La justice est
en état de juger la cause réelle de ses démarches. Tout semble s'être réuni pour l'éclairer
et l'empêcher de prendre le change.

R O G E R , *dit* L O I S E A U .

Il a servi dans les rangs des émigrés et des
Autrichiens.

Il s'est jeté ensuite dans les chouans.

Il a servi sous Georges dans le Morbihan.

C'est lui qui commandait la cavalerie.

Beaucoup de soupçons s'élevèrent contre
lui, lors de l'affaire du 3 nivôse.

On assure qu'il était en correspondance avec
Limoëlan et Saint-Réjant, à Paris.

On assure qu'il l'était aussi avec Georges.

On lui attribue la création de la machine infernale.

Un ordre de l'arrêter fut donné, mais il
échappa.

Après être resté quelque temps caché en
Bretagne, il passa en Angleterre.

Il y fut soldé comme les autres chefs de chouans.

Initié dans les projets d'assassinats et de subversion, il est repassé en Bretagne, en messidor an 11, pour s'entendre avec les anciens chefs et agents qui y étaient.

C'est lui qui détermina Hervé, brigand bien prononcé, à se rendre à Paris.

Il a logé environ cinq semaines chez Denand, marchand de vin, rue du Bac.

Il en est sorti vers le 8 pluviôse.

Il a vu Georges et tous les conjurés.

Il a commandé un sabre de prix et un habit d'uniforme.

Il a demeuré avec Coster Saint-Victor.

Ils ont été arrêtés dans la même chambre, le 19 pluviôse dernier, rue Xaintonge, maison du citoyen Marchal, ancien marchand épicier.

Ils y avaient loué une chambre qu'ils avaient meublée.

Rubin de la Grimaudière, arrêté chez Denand, y avait aussi logé. Son portefeuille y a été trouvé.

On a saisi dans la chambre deux paires de pistolets chargés et amorcés.

Conduit à la préfecture, il a soutenu ne pas

connaître la femme Denand , et n'avoir jamais logé chez elle.

Il a dit avoir logé tantôt dans un endroit , tantôt dans un autre.

Ne pas connaître Rubin de la Grimaudière.

Il a soutenu que personne ne lui avait indi-qué la maison de Marchal.

Qu'il s'était adressé à lui , parce qu'il savait qu'il était lorrain.

Le 28 ventôse , devant le magistrat chargé de l'instruction , Picot l'a reconnu pour l'avoir vu chez Georges , rue de Carême - prenant , n°. 21.

Il a lui-même reconnu Picot pour être le domestique de Georges.

La femme Denand à laquelle il a été repré-senté , a dit affirmativement qu'il avait logé chez elle pendant environ cinq semaines , et qu'il en était sorti environ dix jours avant qu'elle fût arrêtée.

Il a été obligé d'avouer qu'il en avait imposé, et que pendant qu'il logeait chez elle , il y prenait presque toujours ses repas.

La femme Denand a attesté que Coster St.-Victor avait été le voir deux fois chez elle , et il n'a pu en disconvenir.

On ne doit pas oublier les desseins que Pi-

16

cot et Lebourgeois, qui ont été condamnés à
mort par une commission militaire, avaient
laissé transpirer à Londres.

On se souvient de leur réunion chez Tamerlan avec d'autres brigands, du nombre desquels se trouvait Roger.

On se souvient encore des déclarations faites
devant le magistrat de sûreté du premier arrondissement de Paris, le 12 messidor an 11,
par le citoyen Roulier; le 16 dudit mois,
par le citoyen Marchand; le 20 du même
mois, par la dame Roulier; et enfin le 30
dudit mois, par le citoyen Dujardin.

· Ces quatre témoins confrontés avec Roger,
ont soutenu qu'ils avaient dit la vérité.

Et Roulier a déclaré qu'il tenait de Dujardin
qu'un nommé Roger qui avait fait la machine
infernale du 3 nivôse, était encore aux trousses
du premier Consul; qu'il travaillait de nouveau, et qu'il devait passer en France quelques
jours avant ou après Lebourgeois et Picot.

Et la femme dudit Roulier a déclaré que Picot
lui avait dit que celui qui avait fait la machine
du 3 nivôse travaillait encore le premier Consul; qu'il en ferait une autre qui au besoin ne
manquerait pas.

Que Picot appelait l'auteur de cette machine

Roger, et assurait qu'il devait se trouver à
Paris aussitôt qu'eux avec sa nouvelle machine.

Et Dujardin, que Lebourgeois et Picot disaient à Londres qu'ils avaient deux moyens
pour assassiner le premier Consul, le poignard
et une autre machine infernale, faite ou dessinée par Roger, le même qui avait fait celle du
3 nivôse.

Ce témoin, lors de sa confrontation, a reconnu Roger pour l'avoir vu une infinité de
fois chez Tamerlan.

Il a ajouté à sa déposition, qu'il avait su que
Roger avait fait le plan d'une seconde machine
infernale, et qu'il en avait fait une troisième,
dont il devait se servir lui-même ;

Que les rassemblements chez Tamerlan
avaient toujours pour objet des complots et des
machinations contre la France.

Un plan qui a été considéré comme pouvant
être celui d'une machine infernale, a été réellement trouvé dans les papiers de Picot, condamné.

Ce plan, l'existence de Roger à Paris, ses
relations avec les chefs de la conspiration,
donnent une force irrésistible à ces déclarations.

16.

On ne peut douter, d'après ces faits, qu'il
appartient à la conspiration.

On ne peut en douter sur-tout, lorsqu'il est
attesté par quatre gendarmes d'élite, qu'il leur
a fait l'aveu qu'il la connaissait, qu'il était du
nombre des conjurés, et que Moreau, Pichegru et Georges en étaient les chefs.

Il s'est renfermé dans des dénégations, qui
ne peuvent que prouver de plus en plus sa
culpabilité.

H E R V É.

Il a été maître cordonnier dans la quarante-
unième demi-brigade de ligne.

Il était attaché au ci-devant régiment de la
Reine.

Il a servi parmi les chouans.

C'est Roger dit Loiseau, qui l'a fait partir
de Rennes pour Paris.

Signalé à la Police, il a été arrêté le 17 ventôse dernier.

Conduit à la Préfecture de Police, il a soutenu ne pas connaître Roger dit Loiseau, et
être venu seul par la diligence de Rennes.

Devant le magistrat chargé de l'instruction,
il a dit que c'était par erreur qu'il avait annoncé qu'il était venu par la diligence de

Rennes, que c'était au contraire par celle de Caen.

On lui a demandé la représentation de son congé ; sa réponse a été qu'il l'avait perdu.

Le 9 germinal, le citoyen Courtin, chef de brigade, commandant le second bataillon de la première brigade des vétérans en activité, casernée à Versailles, ayant déclaré qu'il avait vu, chez les demoiselles Brossard, il y avait environ deux mois, deux hommes de campagne, dont l'un était à-peu-près de son âge, et l'autre d'environ trente ans, et qu'il avait déjeûné avec eux, d'après les renseignements recueillis, on a fait extraire de la tour du Temple et paraître devant lui, Roger dit Loiseau, et Hervé, et il les a reconnus, à l'instant, pour être ceux dont il venait de parler.

Hervé a persisté à soutenir qu'il était venu directement par Caen.

Le témoin lui a observé qu'il avait encore le pantalon qu'il lui avait vu à Versailles : il a répondu que c'était faux.

Cette naïveté ne pouvait plus laisser de doute.

Hervé eût pu prendre d'ailleurs la diligence de Caen, et, arrivé à Paris, aller à Versailles au-devant de Roger dit Loiseau.

Ce n'est pas la seule circonstance défavorable qui se soit rencontrée dans l'instruction contre cette ex-religieuse.

Léridant a déclaré que Joyaut lui avait remis dix louis, qu'il lui avait portés vers la fin de fructidor dernier, sous le nom de Félix.

Ayant paru devant Léridant, le 27 ventôse dernier, il l'a reconnue.

Elle-même a été obligée d'avouer qu'elle le reconnaissait, et qu'il lui avait porté les dix louis.

On trouve dans ces vérités la raison puissante qui a déterminé Hervé à nier qu'il avait été chez elle.

On la trouve encore dans l'intérêt qu'il avait de se séparer de Roger, qu'il savait déjà avoir été inculpé à raison de la conspiration du trois nivôse.

Il n'a pas osé nier qu'il ait été rue du Bac, chez Denand.

Sa réponse sur ce point, pour avoir été évasive, n'en a eu que plus de force.

Il a été reconnu par Picot.

Il l'a été par Michelot, sa femme et sa fille, pour avoir demeuré chez eux pendant trois jours.

La femme Dubuisson avait déclaré qu'un in-

dividu avait logé chez elle , sous le nom de
Major, avec Mérille, pendant dix jours.

Que cet individu lui avait dit qu'il était ancien militaire ; qu'il voudrait bien avoir une
carte de sûreté ; qu'il avait perdu son portefeuille, et n'avait pas de papiers en règle.

Qu'il desirait que son mari se prêtât à lui en
procurer une.

On a fait paraître Hervé devant elle , et devant son mari.

Tous deux l'ont reconnu pour être celui qui
avait pris le nom de Major.

Il a nié.

Ils ont persisté.

La conséquence juste de toutes ces vérités ,
est qu'il est évidemment un des agents de la
conspiration.

LE NOBLE.

Il a émigré.

Il est devenu chef de chouans.

Un certificat de l'administration municipale
de Port-Brienne , en date du 27 frimaire an 8 ,
établit que le 26 messidor an 4 , il a déposé
les armes.

Depuis, il a été arrêté, et conduit dans les prisons de Rennes, comme prévenu d'émigration et d'un autre délit.

Craignant les regards de la justice, il s'est occupé de moyens d'évasion.

N'en trouvant pas de faciles, il a hasardé de sauter de très-haut ; mais il s'est blessé, a été ramassé, et mis dans un cachot.

Il paraît qu'il est resté dans les prisons de Rennes jusqu'au 12 frimaire an 8, et qu'il ne dut son élargissement qu'à une nouvelle pacification.

Il avait une jambe dans un état déplorable, et était presque hors d'état de se livrer à aucun travail.

Se trouvant sans ressource, on le vit s'adresser aux différents chefs de chouans qu'il avait connus, et à d'autres particuliers, pour solliciter des secours.

Charles d'Hozier a attesté, le 21 germinal, qu'il l'avait vu venir souvent à l'auberge où il logeait, à Rennes, pour en demander, et qu'il lui en avait administré lui-même.

Il a ajouté qu'il croyait lui avoir donné de l'argent lorsqu'il était parti de Rennes pour Paris.

Cet homme prétend qu'arrivé à Paris, il est

devenu le commis d'un entrepreneur de bâtiments.

Il est possible que cet entrepreneur lui ait
procuré quelques travaux ; mais tout porte à
croire qu'il s'est plutôt occupé de servir le
parti des chouans.

Un fait attesté par Charles d'Hozier lui-
même , c'est qu'il l'a vu ; c'est qu'avant même
son arrivée, il avait été chez son frère.

On a vu quelle a été la conduite de Charles-
d'Hozier.

On sait quels sont les motifs qui peuvent
avoir déterminé de sa part de nouveaux rapports avec ceux qui avaient servi comme lui
dans les chouans.

Le Noble ne paraît pas , à la vérité, à raison
de son indisposition , susceptible de jouer un
rôle dans une action ; mais on peut s'en servir
pour des actes particuliers ; et son attachement
bien prononcé au parti est une garantie de sa
discrétion.

C'est sous ce point de vue qu'il paraît avoir
été considéré et employé par les agents de la
conspiration.

Vers la fin de fructidor dernier , il fut chargé
de procurer de la poudre pour les conjurés.

Il était lié d'amitié avec un nommé Poulet ,

chez lequel il avait même déposé ses papiers : il le pria de lui en acheter.

Poulet, qui ne connaissait pas ses intentions, en acheta jusqu'à concurrence de trente - six livres.

Il lui acheta aussi une malle qu'il lui avait demandée.

Prévenu par Poulet, le 4 vendémiaire, qu'il avait la quantité de poudre dont on vient de parler, il témoigna le desir qu'elle lui fût livrée sur-le-champ.

A peine le paquet était-il entre ses mains, qu'il prit une voiture rue du Temple, pour se faire conduire près de la maison d'Hozier, dans laquelle il alla.

La police instruite, le fit arrêter le 6, ainsi que Poulet, et ordonna une perquisition à son domicile.

On en fit une aussi dans la maison d'Hozier : toutes deux ont été infructueuses.

Poulet interrogé, s'est expliqué avec franchise.

Il n'en a pas été de même de Lenoble.

Il a nié avoir acheté de la poudre de Poulet.

Il n'a pu cependant disconvenir qu'il avait loué une voiture le 4 vendémiaire, qui l'avait conduit rue Saint-François, au Marais, et qu'il allait chez d'Hozier, vieille rue du Temple.

Il n'a pu contester non plus ses relations avec Poulet.

Ce dernier qui n'avait encore fait qu'une déclaration verbale, ayant été confronté avec lui le 8, ne s'est point démenti.

Lui au contraire a persisté dans ses dénégations.

Il a soutenu alors, malgré son aveu positif, qu'il n'avait pas été chez d'Hozier.

Il a voulu persuader qu'il s'était fait conduire à la Grève, et que là il avait renvoyé sa voiture.

Comme si on pouvait croire qu'accoutumé à aller à pied, et se trouvant dans la plus grande indigence, il eût pris une voiture sans une cause extraordinaire.

Il a porté l'impudeur, le 9 pluviôse, au point de contester qu'il connût Charles d'Hozier.

Cette dénégation démontre qu'il n'achetait des poudres que pour faciliter l'exécution du complot formé pour mettre tout en combustion en France.

Il en fallait pour l'emploi des armes que s'étaient procurées les conjurés.

Il en fallait peut-être encore pour une nouvelle machine infernale dont le témoin Dujardin a parlé, et sur l'existence ou non existence de laquelle il est impossible d'avoir des idées fixes.

Lenoble proteste de son innocence.

Il prétend n'avoir été dans la maison d'Hozier, que pour solliciter une place dans la banque d'intervention ; mais cette banque n'a jamais existé qu'en projet.

Cette allégation mensongère ne peut que prouver de plus en plus qu'il est réellement un des hommes de la conspiration.

COSTER SAINT-VICTOR.

Il était au mois de janvier 1791, dans le huitième régiment de chasseurs à cheval.

Il a déserté au mois d'août suivant : tout porte à croire qu'il a servi avec les émigrés.

Il a fini par se jeter dans la chouanerie.

Il a servi sous Delbé, Charette, Puisaye et la Prévalaye.

Il a commandé dans le pays de Vitré.

On prétend qu'il y resta après la première pacification pour maintenir la disposition des esprits, et préparer une seconde insurrection.

Il paraît que c'est là qu'il reçut *un brevet de chevalier de Saint-Louis, daté d'Edimbourg, 15 juin 1796, signé Charles-Philippe, et plus bas, par le comte de la Chapelle, pour M. le maréchal, duc de Broglie, et en son absence par ordre de Monsieur.*

En l'an 5, il fut traduit devant un conseil de guerre, établi à Saint-Brieuc, à raison de désertion, fabrication de faux passe-ports, et de rébellion à la loi.

Il fut déclaré convaincu de désertion; il ne le fut pas de rébellion ni de fabrication de faux passe-ports : et attendu la remise de la peine prononcée par une disposition formelle de loi, il fut ordonné qu'il serait tenu de joindre le dépôt des militaires à Nancy, pour y suivre la destination qui lui serait donnée par le commandant de la force armée de cette place.

On avait trouvé sur lui, lors de son arrestation, des pistolets et un stylet : on y avait aussi trouvé un ruban moiré ponceau, sans doute préparé pour porter la croix.

Il fut ordonné que ces objets demeureraient au greffe du conseil de guerre.

Il trouva à Avranches le moyen d'échapper aux gendarmes qui le conduisaient.

Il fit valoir auprès du ci-devant comte d'Artois ; qui prenait alors la qualité de lieutenant général du royaume de France au nom de Louis XVIII, les services qu'il avait rendus, et les dangers auxquels il avait été exposé, et il obtint au mois de Juin 1798 *le brevet de colonel, chef de division, dans l'armée catholique et royale, provinces de Bretagne et Bas-Maine, pour prendre rang en ladite qualité du premier Juillet 1796, parmi les colonels, chefs de division de la dite armée, et en jouir aux mêmes titres, honneurs, droits, prerogatives et appointements.*

Il a servi dans la dernière guerre des chouans.

Il a avoué avoir profité de l'amnistie après la pacification générale.

Il était à Paris à l'époque du 3 nivôse an 9.

Il y voyait Limoëlan, Joyaut, Soyer (Saint-Réjant) et autres initiés dans le complot.

Une chose bien singulière, c'est que Bourmont qui paraissait alors vouloir servir la police, l'avait indiqué pour faire rechercher et arrêter Limoëlan.

C'est qu'il lui fut même remis un mandat à cet effet, et qu'aussi-tôt l'arrestation de François Carbon, le 28 nivôse, il s'empressa d'aller prévenir Saint-Réjant, et que ne l'ayant pas trouvé, il donna pour lui un billet à la veuve Jourdan, en l'invitant de lui recommander de le bruler dès qu'il l'aurait lu.

On conçoit que d'après cette conduite il devait se cacher et tâcher de saisir une occasion favorable pour fuir.

Les préventions résultantes de l'instruction le firent mettre en accusation le vingt trois ventôse an 9.

Ordonnance de prise de corps a été délivrée le même jour contre lui.

Le vingt-cinq dudit mois de ventôse elle lui a été notifiée rue neuve Saint-Eustache, maison du Pérou, et elle a été aussi affichée à la principale porte d'entrée du tribunal criminel et aux principales portes d'entrée du palais de justice.

Cet homme lié en Angleterre avec les chefs et agents de la conspiration devait évidemment arriver avec eux en France.

Il a fait partie du second débarquement.

Il a été plusieurs fois chez la femme Denand, chez laquelle il avait logé à une autre époque.

Il a vu Rubin Lagrimaudière : il s'est réuni à Roger, auteur de la machine infernale.

Il a commandé un sabre au citoyen Juste,

marchand fourbisseur qui le lui a livré le dix-
huit nivôse dernier.

Il a commandé au citoyen Genty, marchand
tailleur, un frac et un pantalon de drap vert,
bouton d'argent, un gillet en soie et un autre
pantalon garni de tresses.

Il a commandé aussi une redingote de drap
vert dragon, bouton d'argent et un charivary
garni en peau.

Ces objets lui ont aussi été livrés, des
quittances et des déclarations le prouvent.

On a d'ailleurs saisi chez Thibierge une
malle qui contient des effets dont partie a été
considérée comme lui appartenant.

On a trouvé chez Denand, depuis son arrestation, et son brevet de chevalier de Saint-
Louis, et son brevet de colonel, ce qui prouve
qu'il existait toujours des rapports entr'eux.

Lorsqu'on l'arrêta rue Xaintonge, le dix-
neuf pluviôse, on le trouva logé avec Roger
dit Loiseau, dans une chambre où avait couché
Rubin de la Grimaudière.

Une des deux paires de pistolets qu'on y a
saisies, était bien certainement à lui.

Conduit à la préfecture de police, interpellé
de dire d'où il venait et avec qui il était venu à
Paris, on n'a pu tirer de lui d'autres réponses

que celle qu'il ne voulait compromettre personne.

Le lendemain il a dit que ses effets avaient
été déposés chez un marchand de vin rue du
Bac.

Il a reconnu une partie des objets renfermés
dans la malle saisie chez le nommé Thibierge,
marchand de meubles et logeur en garni rue
de Varennes.

Il a fait le même jour quelques aveux con-
cordants avec tous les faits dont on vient de
rendre compte.

Il a nié avoir vu à Paris au trois nivôse an 9,
Saint-Réjant, Limoëlan et Bourmont.

Il a dit n'avoir jamais connu Lahaye - Saint-
Hilaire.

Il a tâché de colorer sa démarche chez la
femme Jourdan.

Il a prétendu qu'il n'avait aucun logement
stable, aimant mieux en changer chaque jour
que de compromettre personne.

Il est convenu, le dix-huit ventôse, qu'il avait
connu Roger et son frère pendant les guerres
de Bretagne.

Il a refusé d'indiquer le lieu où il l'avait
retrouvé à Paris.

La fille Jourdan , appelée pour rendre hom-
mage à la vérité, l'a reconnu devant le magistrat
chargé de l'instruction , et a dit que c'était de
lui dont elle avait parlé dans sa déclaration à
la préfecture de police, lors des recherches
faites contre les auteurs et complices de l'attentat du trois nivôse ; et dans sa déclaration
devant le directeur du jury.

Que c'était lui qui avait été vingt-trois ou
vingt-quatre jours après la détonation de la
machine infernale, chez sa mère pour y demander Soyer (Saint-Réjant.)

Que sa mère avait répondu que Soyer était
absent ;

Qu'il lui avait observé que François était
arrêté , et qu'il fallait faire sauver Soyer , son
ami, dont le vrai nom était Saint-Réjant ;

Que François était capable de tout dire.

Elle a ajouté que Coster Saint-Victor avait
remis un billet à sa mère ;

Qu'elle avait été avec lui rue du Mail ;

Qu'ensuite elle avait été , avec sa mère, où
logeait Soyer ; que Soyer, après avoir lu l'écrit,
avait frappé du pied, avait juré et pâli ; qu'il
avait reproché vivement d'avoir donné son
adresse , et avait dit que Saint-Victor était un
mouchard de la police.

Que Saint-Victor, dans la voiture, avait dit à sa mère : *Gardez-vous bien de dire que Soyer a logé chez vous. Au surplus, si on vous condamne à une amende, je la payerai. Je repasserai sous quelques jours, pour savoir ce qui aura été fait.*

Coster a fait de nouveaux efforts pour justifier sa démarche ; mais toutes les nuances du crime sont restées.

RUBIN LAGRIMAUDIÈRE.

Il a émigré.

Revenu en France, il s'est rangé sous les banières des rebelles de l'Ouest.

Il a été officier sous de la Prévalaye.

Malgré son opinion, il a réclamé le bénéfice de la loi du 6 floréal an 10.

Le deuxième jour complémentaire an onze, le préfet du département d'Ile-et-Vilaine lui a donné un passeport pour venir à Paris, pour affaires particulières, sous la condition qu'il y resterait sous la surveillance du préfet de police, auquel il serait tenu de se présenter, à son arrivée.

Il a déposé ce passeport, le 3 vendémiaire

17.

an douze, à la préfecture de police ; a déclaré être logé rue de l'Oseille, n°. 408, et a demandé une passe, qui lui a été accordée pour deux mois.

Sa passe n'était pas renouvelée, et cependant il était encore à Paris, lorsque, le 18 pluviôse, au moment de l'explosion du coup de pistolet de Picot, de son arrestation et de celle de Mérille, ancien officier de rebelles, il frappe, en signe de reconnaissance, à un des carreaux de la boutique de Denand.

On l'arrête ;

On lui demande sa demeure ?

Sa réponse est qu'il n'en a point, qu'il loge tantôt d'un côté, tantôt de l'autre, et qu'il a des raisons pour ne point indiquer son domicile.

Conduit à la préfecture, sa réponse, sur le même point, est qu'il n'a pas encore de domicile à Paris, et qu'il arrive le jour même de Versailles.

On lui demande depuis quel temps il est à Versailles, et où il a logé ;

Il répond qu'il est parti il y a huit jours, et qu'il ne sait pas le nom de la rue où il a logé.

On lui fait observer le ridicule de sa réponse, il persiste.

On lui parle de ses effets ;

Il dit que , comptant partir , il les a renvoyés à Rennes.

On veut savoir s'il connaît la femme Denand ;

Sa réponse est affirmative.

Il dit même qu'il a bu chez elle il y a quelques jours.

On lui observe qu'il ne paraît pas être un homme de cabaret.

Il dit qu'il a été rarement chez la femme Denand.

On lui demande pourquoi il y a frappé à un carreau en signe de reconnaissance ?

Il répond que c'était pour prévenir qu'il allait monter dans une petite chambre où il avait coutume d'entrer.

Interpellé de déclarer s'il connait Charles d'Hozier ;

Il dit qu'il le connaît depuis le mois de vendémiaire dernier ;

Qu'il a été recommandé au frère d'Hozier à raison d'une banque d'intervention ;

Il convient avoir couché chez Charles d'Hozier en arrivant à Paris, et dit que c'est chez lui qu'on lui a indiqué la maison où il a logé rue de l'Oseille.

Il n'eût pas certainement descendu chez

Charles d'Hozier, s'il ne l'eût pas connu dans l'Ouest, et s'il n'eût pas été instruit de ses dispositions.

On le presse pour savoir où il a couché la veille ?

Il ne parle plus de Versailles ; il dit que c'est son secret, qu'il ne peut le confier ; qu'il a logé dans une maison garnie.

Il avait couché chez un nommé Marchal, marchand épicier, rue Xaintonge, dont l'adresse s'est trouvée dans les papiers de Denand.

Il y avait logé trois jours, sous le nom de Dumesnil. La preuve en fut acquise le lendemain, lorsqu'on arrêta, dans la même chambre, Roger dit Loiseau, et Coster Saint-Victor. On y trouva son portefeuille.

Elle fut confirmée par son propre aveu, le 26 ventôse dernier.

Les rapports de Rubin de la Grimaudière, avec ces deux hommes, achèvent de donner la mesure de sa moralité.

Ils concourent aussi fortement que la fréquentation de la maison Denand, et la nature de ses réponses, à démontrer qu'il est du nombre des conjurés.

DEVILLE, dit TAMERLAN.

Il a pris successivement les divers noms de Tamerlan, Duroc et Tata.

Il avait, dans la Vendée, la qualité d'adjudant-général, sous les ordres de Sépeaux.

Après la première pacification, il prit parti dans la chouannerie.

On prétend qu'il fut chef de plusieurs expéditions de brigandage, notamment de la bande qui effectua l'attaque de la diligence du Havre à Rouen, en l'an 8.

On dit que ce fut lui qui coupa les traits des chevaux, qui donna l'ordre du pillage aux brigands qui lui étaient subordonnés, et qui partagea les objets volés, avec Raoul-Gaillard.

Etant passé en Angleterre, il se rapprocha de Georges Cadoudal, qu'il avait connu en Bretagne.

Il apprend lui-même qu'il obtint, après son arrivée à Londres, quatre schellings par jour, en qualité de chef de division; le gouvernement anglais faisant payer aux chouans et rebelles un traitement en raison de leur grade.

Il déclare que ce traitement lui a été exactement payé jusqu'à son départ, par un anglais chargé par le gouvernement de solder les Français à ses gages.

Pendant son séjour en Angleterre, il fréquentait habituellement Georges Cadoudal, Picot, Lebourgeois, Roger et plusieurs autres individus qui ont pris part à la conspiration.

En partant d'Angleterre, il reçut, de son aveu, 40 à 50 louis.

Il fit partie du deuxième débarquement à la falaise de Béville.

Arrivé à Paris, il fréquenta les autres conspirateurs.

Après la découverte du complot, il se cacha et parvint enfin à s'évader avec les frères Gaillard.

Il passa une nuit dans la forêt de Montmorency. Il échappa d'abord aux gendarmes qui étaient au poste du bac de Méry, ainsi qu'à la poursuite des habitants de Mériel et de l'île Adam.

Il se réfugia chez un particulier de la commune d'Andilly, qui cédant à un premier sentiment d'humanité, lui donna asyle, mais qui fit le lendemain une déclaration devant l'adjoint de la commune, pour satisfaire à la loi.

Après avoir dit qu'il n'avait ni passeport , ni papiers , il refusa de répondre aux interpellations qui lui furent faites ; on trouva sur lui une paire de pistolets. Le capitaine de gendarmerie Manginot, étant survenu à la tête d'une patrouille , il déclara son nom , convint qu'il s'était enfui de Paris avec les frères Gaillard.

Il a été reconnu à la confrontation par Pierre-Jean Cadudal , Lemercier , Picot , ainsi que par Monnier, qui l'a logé lors de son passage à Aumale , et par Dujardin, qui l'a soigné à Londres pendant une maladie.

Il paraît que l'une des valises que Charles d'Hozier a fait déposer chez la mère d'Eléonore Bédigié , lui appartenait. Cette valise contenait entre autres objets, un frac de drap vert , à boutons blancs , un pantalon galonné en argent , un gilet , des pierres de pistolet et des balles.

Il a nié que ces objets fussent à lui, mais en lui faisant essayer le frac , le pantalon et le gilet , il a été reconnu que ces vêtements allaient très-bien à sa taille.

Son plan de défense est indiqué par ses dénégations.

ARMAND GAILLARD.

Il avait deux frères.

L'aîné, connu sous les noms de Raoul-Gaillard, Saint - Vincent, Houvel et Duval, à porté les armes dans la Vendée, sous les ordres de Sepeaux. Il se mêla ensuite parmi les chouans et les voleurs de diligence. On prétend qu'il était du nombre de ceux qui attaquèrent celle du Havre.

On dit qu'en l'an 8, il avait établi un dépôt de munitions de guerre chez Pierre Gaillard, son cousin, où il se rendait pour fondre les balles et fabriquer les cartouches dont il se servait.

Après la pacification, il passa en Angleterre avec ses deux frères, et ils reçurent la solde que le gouvernement anglais accorde à ceux qui se dévouent à ses criminelles machinations.

Ce Raoul-Gaillard s'était rendu, par Hambourg, à Paris, dès le mois de juillet an 11. Il avait concouru à préparer les gîtes depuis la ferme de la Poterie jusqu'à Paris.

Il fréquenta les autres brigands à mesure qu'ils arrivèrent, et après la découverte de

la conspiration, il resta caché jusqu'au moment
où les barrières de Paris furent ouvertes.

Armand prétend qu'étant parti en 1792,
dans un bataillon de volontaires, où il servit
vingt mois, il revint auprès de sa mère à
Rouen, et fut employé dans la maison de
commerce du citoyen Lecomte, pendant près
de deux ans.

Il paraît qu'il ne fut point étranger aux
brigandages des rebelles. Ce qu'il y a de
certain, c'est qu'après avoir vendu, con-
jointement avec ses frères, la succession de
leur père, et en avoir dissipé le prix, il
passa avec son frère Raoul en Angleterre.

Il convient qu'ayant été placé dans le
dépôt du régiment de la Chatre, il reçut
d'abord un schelling (neuf sols) et ensuite
trois schellings par jour.

Il fut du nombre des brigands qui dé-
barquèrent aux pieds de la falaise de Béville,
avec Pichegru.

En partant de Londres, il avait reçu des
armes et 50 guinées.

Il se rendit à Paris, où il resta caché en
attendant le signal, pour exécuter, avec ses
complices, l'exécrable complot qui les avait
amenés.

Dès que les barrières de Paris furent ouvertes, Raoul et Armand Gaillard sortirent
avec Deville, dit Tamerlan, passèrent la
nuit dans la forêt de Montmorency, et se
présentèrent, le 10 germinal, sur les 3 heures
de relevée, au bac de Méry, commune de
Mériel, département de Seine-et-Oise, pour
traverser la rivière d'Oise.

Le gendarme qui était de service à ce
poste, leur ayant demandé leurs papiers,
ils répondirent qu'ils n'en avaient pas. Le gendarme leur dit qu'ils ne passeraient pas,
et les fit entrer dans la maison du bac. Ils
demandèrent de l'eau-de-vie, et obser-
vèrent que si le citoyen Eloy était présent,
il les ferait passer, parce qu'il les connaissait bien, les ayant vus plusieurs fois.

Après avoir vainement tenté de déterminer le gendarme à les laisser passer, ou à
les laisser retourner sur leurs pas, ils profi-
tèrent de l'ouverture d'une porte sur le derrière
pour s'échapper. Le gendarme en saisit un
au collet, mais les deux autres vinrent sur
lui armés de pistolets, le forcèrent à lâcher
prise, et ils se sauvèrent tous les trois du
côté de la forêt.

Le gendarme cria au voleur et à l'assas-

sin , pour engager les citoyens à les poursuivre. A l'instant un grand nombre d'habitants de Mériel et de l'île Adam, armés
de bâtons, de pierres et d'armes à feu, ac-
coururent avec un zèle et un dévouement
dignes des plus grands éloges ; les trois brigands battirent en retraite et tirèrent plusieurs
coups de pistolet, dont l'un aurait atteint le
citoyen Cousin , de Mériel, si la balle n'eût
frappé un bâton qu'il tenait dans ses mains.

Raoul-Gaillard, blessé par plusieurs coups
de feu, fut le premier arrêté; il refusa de
fournir aucune réponse précise aux questions
qui lui furent faites par le juge de paix de
l'île Adam.

Il fut transporté à l'hospice civil de Pon-
toise , où il est décédé le 13 germinal. Il
résulte d'un procès-verbal du même jour,
que son corps ayant été représenté à Louis
Picot, à Jacques Verdet et à Catherine Monot Osvalt, son épouse , ils l'ont tous reconnu.

A l'égard d'Armand Gaillard arrêté par
les habitants de l'île Adam, on trouva sur
lui une paire de pistolets de poche.

Interrogé par le juge de paix de l'île
Adam, il dit être parti d'Angleterre, et être

venu à Paris depuis environ deux mois et
demi , à l'invitation de son frère Raoul ;
mais il refusa de déclarer où il avait logé à
Paris , et depuis quel temps il en était
sorti.

Confronté avec Leclerc , cultivateur à
Mousseau , commune de Saint-Omer, il a
été reconnu pour être du nombre des 5 à 6
individus qui avaient fait rafraîchir leurs
chevaux chez lui. Toute sa défense s'est
bornée à nier qu'il eût participé à la conspiration.

NOEL DUCORPS.

Noël Ducorps a été attaché long-temps
au parti des rebelles.

Mallet lui a donné un brevet de lieutenant dans l'armée royale.

Il était en relation avec un nommé Rosay,
d'Orléans, qui avait servi dans l'armée des rebelles ; cet individu lui donna quinze louis ,
savoir : cinq pour lui et dix pour son frère.

Il connut Monnier à Rouen en 1793.

Il a logé chez lui à Aumale.

A l'époque où les conspirateurs arrivaient

d'Angleterre en France, il s'est attaché au service de Raoul Gaillard, dit Houvel, qui lui donnait trois livres par jour.

Il a été à Paris avec Boniface Colliaux, et a demeuré avec lui faubourg Saint-Denis.

Il alla ensuite demeurer rue de Varennes, chez Thibierge ; il avait soin des chevaux d'Houvel et de Loyseau, dans une écurie située même rue.

Il a accompagné Houvel à Aumale.

C'est lui qui a conduit, d'Aumale à Paris, la fille Payen, pour aller dans la maison de Verdet, qui était un des réfuges et des points de ralliement des conspirateurs.

Il avait apporté chez Monnier, à Aumale, une boîte à compartiments qui contenait des balles et des cartouches.

Il a soutenu, lors de son arrestation, qu'il ne venait pas de Paris, qu'il y avait deux jours qu'il était arrivé de chez sa mère, et qu'il devait partir le lendemain pour aller à Paris, chercher de l'ouvrage.

Il a ajouté qu'il était chargé de voyager pour un nommé Duchesne, marchand de pierres à fusil, demeurant à Blois, et les renseignements donnés par les autorités cons-

tituées , annoncent qu'il n'existe pas à Blois ,
de Duchesne , marchand de pierres à fusil.

Il a fini par avouer tous les faits dont il
vient d'être rendu compte , et a dit pour sa
défense , que c'était son frère qui l'avait engagé à servir le parti royaliste.

Qu'il lui avait annoncé que le projet de rétablir les Bourbons sur le trône, était d'accord
avec Bonaparte.

Il a même poussé le ridicule jusqu'à dire ,
que quand il avait été arrêté , il croyait que
Bonaparte l'était aussi.

JOYAUT, dit VILLENEUVE.

Il a servi parmi les chouans.

Il est depuis long-temps aide-de-camp de
Georges Cadoudal , et paraît lui avoir voué
un grand attachement.

Les démarches , les invitations d'une mère
éplorée et d'une famille plongée dans la douleur , n'ont pu l'en séparer.

Il était à Paris, à l'époque du 3 nivôse ; il
y voyait tous les hommes qui ont été accusés.

C'est lui qui avait contribué à déterminer
la femme Guilloux à loger Saint-Rejant, qu'il
allait voir souvent.

Il avait connu cette femme au Temple , où il avait été détenu.

Il a passé la nuit du trois au quatre nivôse chez elle , près de Saint-Rejant , avec Bourgeois , un médecin et un prêtre.

Il a été prévenu d'avoir aidé à emporter le deux nivôse , de la poudre qui était chez Saint-Rejant et une blouze bleue de charretier.

Il a été mis en accusation le 23 ventôse an 9.

Une ordonnance de prise-de-corps a été rendue contre lui le même jour.

Elle lui a été notifiée le 25 , à son domicile indiqué , rue d'Argenteuil , N.º 211.

Après s'être long-temps caché , il parvint à s'embarquer pour Jersey , et rejoignit en Angleterre son général , qui n'avait pas eu moins de peine que lui à s'y rendre.

Il a fait avec lui partie du premier débarquement.

Il a logé trois ou quatre jours en arrivant à Paris , chez Denand , marchand de vin , rue du Bac.

Il a logé avec lui quai de Chaillot et à Paris , rue de Carême-Prenant et rue du Puits-l'Hermite , près le jardin des Plantes.

18

Ils étaient ensemble chez la fruitière, montagne Sainte-Genéviève.

Il en est parti avec Burban, après l'arrestation de Georges, pour loger chez Caron, parfumeur, rue du Four Saint-Germain, où il est resté dix jours.

Les recherches de la police l'ont forcé de fuir.

Il a choisi pour repaire, la maison de Dubuisson, où avaient logé beaucoup d'autres conjurés.

Le quatre germinal, cette maison fut investie par la force armée.

Il importe de faire connaître ce qui s'est passé.

Dubuisson, qui était à la fenêtre au moment où le commissaire de police arriva, s'est précipitamment retiré.

Il a fermé la porte d'entrée.

Des coups redoublés n'ont pu le déterminer à ouvrir.

Un serrurier a été appelé.

En entrant, on a saisi des effets qu'il a dit ne pas lui appartenir, et que son épouse, qui était sortie et qui rentra quelques minutes après, a dit avoir été apportés par une

femme qu'elle ne connaissait pas, pour un
jeune homme, qui était resté chez elle, pendant environ deux heures.

Cette femme interpellée de déclarer si
elle avait logé des individus, après plusieurs
réponses négatives , est convenue qu'elle
avait logé deux frères. Elle a dit ensuite qu'elle
avait encore logé deux autres personnes.

Dubuisson interpellé, a déclaré qu'il n'a-
vait logé personne ; puis, qu'il avait donné
asyle à deux individus. Pressé de dire la vérité , il a déclaré qu'il y avait un individu ,
qui logeait chez lui , mais que cet individu ,
dont il ne connaissait pas le nom , était sorti,
et qu'il ne rentrerait que vers 8 heures du
soir.

Cependant , tout annonçait que des personnes devaient être cachées dans cette maison. On fit toutes les perquisitions possibles.
On tâcha de nouveau d'obtenir des aveux ,
mais ce fut infructueusement.

On allait se retirer , lorsque pour placer
une sentinelle, on dérangea une fontaine appli-
quée contre un mur.

On s'apperçut, à quelque mouvement, que
la planche à laquelle cette fontaine était atta-
chée , était mobile et laissait appercevoir une

18.

ouverture d'environ soixante-quinze centi-
mètres de haut, sur cinquante de large.

Le citoyen Paques, inspecteur général
près le ministère du grand-juge, ayant passé
sa main dans cette ouverture, se mit à crier :
Ils sont ici ! à moi, gendarmes ! je viens
de toucher une jambe.

Aussitôt les gendarmes se sont placés au-
devant de cette ouverture, par laquelle on a
vu le bras d'un homme qui tenait un pistolet.

C'était le bras de Joyaut.

Un gendarme dorna un coup de pointe de
sabre sur le poignet de Joyaut.

Plusieurs coups de pistolet ont été tirés
dans la cache, sans que ceux qui y étaient
parussent être blessés, ni disposés à se rendre.

On vit toujours, au contraire, reparaître
à l'ouverture le bras de Joyaut armé d'un pistolet ou d'un poignard.

On ignorait le nombre des individus qui
pouvaient être retirés dans cette cache. On
fit une réquisition au poste Saint Martin.

Le renfort arrivé, malgré les coups de
pistolets tirés de nouveau, les coups de sabres
et de baïonettess lancés dans l'ouverture, la
résistance fut longue.

Enfin, Joyaut, qui s'était si souvent présenté armé, annonça qu'il se rendait, mais
dans l'instant, il lança un coup de poignard à
un fusilier qui fut blessé à la main droite.

Cette action infâme ayant décidé à donner
l'ordre d'aller chercher des pompiers, pour
inonder les brigands, ils déclarèrent qu'ils
n'entendaient plus résister.

Joyaut sortit le premier; il avait sur lui deux
pistolets et un poignard de fabrique anglaise.

Avec lui étaient Burban, également armé
de pistolets et de poignard, et Datry, ex-chef
de chouans.

On a trouvé dans la cache divers effets qui
leur appartenaient, un pain de quatre livres,
quatre bouteilles de vin, deux volailles et un
jambon cuit.

Joyaut portait deux ceintures garnies de
pièces d'or. Il avait aussi des cartouches
à balles.

Interrogé, il a prétendu que c'était Datry
qu'il avait rencontré, qui l'avait conduit chez
Dubuisson, comme si, en sa qualité d'aide-de-
camp de Georges, il ne connaissait pas
tous les repaires des assasins.

Il était porteur d'un passeport anglais au

nom de Villeneuve, et de billets, de la banque d'Angleterre.

Devant le magistrat chargé de l'instruction, il a dit qu'il ne pouvait affirmer s'il était ou non à Paris au 3 nivôse.

Il est convenu d'avoir vu Saint-Réjant chez la femme Guilloux.

Il a été reconnu par la femme Verdet, et par la femme Denand.

Il l'a été également par la fruitière chez laquelle il a demeuré, Montagne-Sainte-Geneviève, et par sa fille.

Il l'a été par Caron et par une de ses filles de boutique.

Il l'a été par Léridant, frère d'un ancien aide de camp de Georges, qu'il a attaché à la conspiration ;

Par Léridant, qui a été partout où il était avec Georges ;

Par Léridant, qu'il a envoyé porter dix louis à Versailles, à une ex-religieuse qui devait, sans doute, en faire emploi pour loger et nourrir les conjurés ;

Par Léridant, qu'il a fait envoyer par Georges à Rennes pour porter trois cents louis à Lahaye St. Hilaire, dit Raoul, autre conjuré ;

Par Léridant, qui, le 16 ventose, l'accompagnait boulevard Antoine, pour rencontrer une fille nommée Julie Bouvet, qu'il pensait pouvoir lui trouver une retraite assurée.

Ses démarches auprès du secrétaire de Moreau, les propositions qu'il l'a chargé de faire, sont connues.

Il avait remis une somme de onze mille et quelques cents livres à un banquier, qu'il a retirée.

Il a présenté au même banquier pour environ cent cinquante mille livres de lettres de change.

Ces fonds appartenaient bien constamment à la conspiration, dont il est un des principaux agents.

D A T R Y.

Il a été fourier dans la marine française ; il a déserté et s'est rangé sous les drapeaux des émigrés.

Il a échappé à Quiberon, et a été fait officier à son retour en Angleterre.

Incorporé dans les volontaires du régiment de Royal émigrant de la Châtre, il a été en Portugal.

Licencié à la suite d'une révolte, il est rentré en France, et s'est jeté dans les chouans du Morbihan.

Il a été fait adjudant de division.

A la pacification, il s'est retiré à Rennes, où l'on prétend qu'il touchait du gouvernement britannique une somme de soixante francs par mois.

Il est passé, il y a environ deux ans, en Angleterre.

Ses liaisons avec Roger dit Loiseau, sont connues.

Il n'a jamais joué un rôle important parmi les révoltés, mais il passe pour être capable de tout par fanatisme d'opinion.

Il a été arrêté avec Burban et Joyaut chez Dubuisson, où la fille Hizay l'allait voir.

On sait quelle a été la résistance des Brigands.

Il avait logé avant chez Michelot, rue de Bussy.

C'était un logement préparé pour les conjurés, comme celui de Dubuisson.

Au ministère de la police il a dit ne pas avoir de domicile.

Il est convenu d'avoir servi sous Georges.

Il a dit avoir connu Burban et Joyaut à Rennes.

Il a dit qu'il y avait huit jours qu'il couchait chez Dubuisson.

Il a avoué que Burban lui avait fait toucher dans cette maison une fois six louis, et une autre fois cinquante louis.

Lorsqu'on lui en a demandé le motif, il a répondu que c'était une gratification dont on l'avait chargé pour lui.

Cette gratification était incontestablement le prix de son serment de fidélité à la conspiration.

Il a été reconnu par Michelot, sa femme, et sa fille, pour avoir logé chez eux.

C'est Spin qui l'y avait conduit, sans doute à l'invitation de Charles d'Hozier, qui l'avait d'abord placé chez Hizay, rue Neuve St. Nicolas.

Au moment de son arrestation, il savait que Joyaut et Burban étaient signalés comme étant du nombre de conspirateurs ; on ne l'eût certainement pas trouvé avec eux, s'il n'eût pas été leur complice.

B U R B A N.

Il a servi dans les chouans sous le nom de Barco.

Il été attaché à l'état-major de Georges.

Il passe pour être féroce.

Lors des mouvements qui eurent lieu dans l'Ouest, au mois de septembre 1799, il se joignit à Joyaut et à Lahaye pour recruter.

Il est venu à Paris peu de temps après la journée du 3 nivôse.

La police, instruite de ses liaisons avec un nommé Piogé, le fit arrêter.

Le 16 messidor, il fut interrogé.

Il prétendit qu'il avait fui, parce qu'il avait été poursuivi comme tous les autres royalistes, lors de l'affaire du 3 nivôse, et on soutient au contraire, que c'est lui qui a voulu se servir de cette journée pour faire tourmenter ceux qui n'étaient pas de son opinion.

Il n'a pas dissimulé ses rapports avec Piogé, qui depuis a été prévenu de conspiration.

Interpellé de déclarer sa demeure, il a répondu qu'il ne restait jamais qu'un jour dans chaque hôtel, afin d'avoir plus de sûreté, et qu'il ne pouvait indiquer où il avait logé.

On avait trouvé sur lui une carte de sûreté au nom de Louis Martin ; il soutint l'avoir achetée un louis.

Il avoua qu'il avait fabriqué le visa de la municipalité de Questamberg sur son passeport, et qu'il avait contrefait son écriture autant qu'il avait pu.

Il fut envoyé à Bicêtre, et n'en sortit qu'environ un an après sous la condition qu'il se rendrait à Iffendich pour y vivre sous la surveillance du maire.

Il était à Rennes au mois de brumaire dernier, lorsque Georges Cadoudal envoya de Paris Léridant le jeune, pour remettre trois cents louis à Lahaye-Saint-Hilaire, dit Raoul.

C'est lui-même, comme on l'a vu, qui l'a conduit au milieu de la nuit, à travers champs dans un petit village distant de Rennes d'environ une lieue, où était alors Lahaye-Saint-Hilaire.

L'attention qu'on avait eue de donner son adresse à Léridant, prouve qu'il était instruit de la destination des fonds évidemment envoyés pour distribuer à des hommes à dévotion, qui devaient tâcher de déterminer des mouvements dans la Bretagne ou venir joindre les assassins.

Il n'a pas tardé à se mettre en route pour se rendre à Paris.

On l'a vu à Versailles chez l'ex-religieuse Brossard,

Chez l'ex-religieuse Brossard, où l'on a vu également Roger dit Loiseau, et Hervé.

Arrivé à Paris, il s'est empressé de voir Georges Cadoudal, Joyaut, et tous les anciens chefs de rebelles initiés dans la conspiration.

Il a logé trois jours sous le nom de la Serre, chez Verdet, rue du Puits l'Hermite.

A la sollicitation de la femme Verdet, il a couché une nuit chez la demoiselle Mangeot, chez laquelle on a trouvé le sabre, le fusil et des effets de Georges.

Il a logé avec Georges et Joyaut, pendant environ trois semaines, à la montagne Sainte-Géneviève, maison de la fruitière.

Il y était lorsque la découverte de la conspiration fut publiée.

Il y était lorsque partout on s'occupait des conspirateurs.

Toujours inquiet, il ne manquait pas de demander à la fille de la fruitière lorsqu'elle rentrait, ce qu'on disait de nouveau.

Un jour elle lui répondit que le bruit public était que le coquin de Georges était parti en aide-de-camp.

Georges était présent; crainte de se déceler, ils ne se regardèrent même pas.

Joyaut ne fit non plus aucune observation.

Un autre jour elle lui dit qu'on annonçait que le coquin de Georges était sorti dans un cercueil.

Il répondit : Je voudrais bien être *sorti de même*.

Cette réponse qui était bien de nature à inspirer des soupçons, ne fit aucune impression sur la jeune personne, parce qu'on lui avait persuadé qu'il se cachait, ainsi que Georges et Joyaut à cause des dettes qu'ils avaient contractées, et aussi parce qu'ils avaient eu l'attention de changer de nom.

Georges et Joyaut qui étaient présents se gardèrent bien encore de faire aucune réflexion.

Ils eurent tous trois la même prudence lorsqu'un jour la mère de cette jeune personne rentrant chez elle après avoir entendu parler dans différents endroits de la conspiration, leur dit avec l'expresssion réelle de la douleur......
Oh mon dieu? vous ne savez pas! on dit que ce malheureux Georges veut nous faire tous périr; si je savais où il est, je le ferais prendre.

Burban était encore chez cette fruitière avec Georges et Joyaut le 18 ventôse.

C'est lui qui devait monter dans le cabriolet avec Georges Cadoudal.

C'est lui qui, probablement, devait le conduire dans un endroit préparé.

Pensant bien qu'il serait obligé d'abandonner au premier moment le logement de la montagne Sainte-Géneviève, il avait été chez le citoyen Caron, connu d'un de ses parents, et l'avait déterminé à le recevoir avec un de ses amis.

Aussitôt la nouvelle de l'arrestation de Georges, il s'y rendit avec Joyaut.

Ils y restèrent dix jours.

Le 30 pluviôse, un agent voulut l'arrêter dans cette maison, mais il lui donna un coup de poignard dans le bras, et s'évada.

Le fil qui avait conduit chez Caron, devait faciliter les moyens d'en trouver un autre pour arriver au repaire où il s'était retiré avec Joyaut.

Des renseignements conduisirent rue Jean-Robert, n°. 24, au domicile de Dubuisson.

On sait ce qui s'est passé avant de pouvoir arrêter les conjurés qui s'y étaient retranchés.

Burban y a été saisi armé de deux pistolets et d'un poignard pareil à celui de Joyaut.

Interrogé au ministère de la police, il n'a pu disconvenir qu'il connaissait Datry arrêté avec lui.

Il n'a pas voulu dire où il avait logé en arrivant à Paris.

Il n'a pas voulu convenir qu'il connaissait
Caron.

Il a refusé de déclarer qui lui avait donné
l'adresse de Georges.

Il a dit qu'il ne voulait point associer d'autres
malheureux à son sort.

Devant le magistrat chargé de l'instruction ,
il a été reconnu par la fruitière et sa fille.

Il l'a été par la fille Hizay, par Caron, et
par une de ses filles de boutique; il l'a été par
Dubuisson et sa femme.

A l'entendre, s'il est venu à Paris, c'est
parce qu'il était menacé d'être arrêté dans son
pays.

Et s'il a vu Georges, c'est simplement parce
qu'il lui est très-attaché.

LEMERCIER.

Lemercier a servi dans le parti de la chouannerie en l'an 5.

A l'époque de l'amnistie, il a déposé les
armes.

Quand la chouannerie s'est formée de nouveau, il y est rentré ; il a encore déposé les
armes à la seconde pacification, et a travaillé

à Grand Champ dans l'administration municipale, pendant l'espace de dix-huit mois.

Il a ensuite repris ses liaisons avec les chefs
des rebelles. Il convient lui-même que
Georges lui a donné 24 fr., et que pendant trois
mois de suite, il a été payé par deux de ses
agents Guillemotte et le Thiais.

Au mois de mai de l'an 1802, il a passé en
Angleterre avec environ vingt-cinq individus,
parmi lesquels étaient Cadudal, Jean Lelan,
et Jean Louis.

Arrivé à Southampton, des prêtres français
et des émigrés lui ont procuré des logements.

Il a reçu par jour deux schelings qui lui
ont été payés des deniers du gouvernement
britannique.

Il a reçu l'ordre de repartir pour la France ;
on l'a embarqué avec sept autres compagnons
de voyage. Il convient qu'on lui a donné
trente-six louis, et qu'on lui a remis une paire
de pistolets et des cartouches à balles.

Arrivé à terre, il a été conduit, avec ses
compagnons de voyage, par Lemaire à la
ferme de la Poterie; il y est resté quinze jours.
Plusieurs de ses compagnons sont partis pour
Paris. Un guide est venu les chercher. Il s'est

arrêté à peu de distance ; il a encore séjourné quelque temps.

Il a vu dans les différents séjours quelques chefs du parti de Georges ; il a reçu dix louis d'un habitant des environs d'Aumale.

Il a été chez Monnier à Aumale, y est resté vingt-quatre heures ; on lui a fait faire un habit d'uniforme vert.

Il a été à Gaille-Fontaine, chez la veuve Lesueur ; y est resté à-peu-près un mois avec Louis Ducorps, et a ensuite été conduit dans un autre endroit, où il a séjourné quelque temps.

Là se sont réunis Louis Ducorps, Lelan, Cadudal, et Pierre Jean ; ils se sont avancés vers le département de l'Orne ; ils ont passé au Pont-de-l'Arche, et ont continué ensemble leur route.

Ils ont marché de nuit par des chemins de traverse, et ont couché dans les bois.

Louis Ducorps les a quittés aux environs de Conches. La nuit du 13 au 14 ventôse, ils ont couché chez Bourdon, où ils s'étaient fait conduire par Jobey.

La nuit du 14 au 15 chez Morin.

La nuit du 15 au 16 chez la Sifletière.

Le 16 au soir on les a conduits dans le

19

moulin de Lecomte , et de-là , sur le chemin de Saint-Evroult.

Ils ont continué leur route jusqu'auprès de Rennes.

Ils ont couché le 24 à Loisel.

La nuit du 25 au 26 , ils ont pris la route de Saint-Aubin-du-Cormier.

La gendarmerie était à leur recherche ; Lemercier a été arrêté dans la commune de Mézières ; il a fait usage de ses armes , et a blessé le gendarme qui était à sa poursuite. On a trouvé sur lui une bourse contenant trente-deux louis en or.

Dans ses interrogatoires , il est convenu de tous ces faits ; il a déclaré qu'il allait vers Paris ; mais qu'ayant entendu dire que le complot était découvert , il avait dirigé sa route vers la Bretagne.

Il a dit que le complot consistait à renverser le Gouvernement actuel , et à placer Louis XVIII sur le trône.

Cet homme accoutumé à marcher parmi les guides de Georges , ne s'était pas embarqué sans connaître toute la conspiration ; il venait pour la servir.

C A D U D A L.

Il est de la même commune et de la même famille que Georges.

Il a servi dans la chouannerie ; il était capitaine.

Il a passé, il y a environ deux ans, en Angleterre ; il y recevait deux schellings par jour, et au bout de quelque temps, on lui donna quatre louis pour son habillement.

Après être resté près de deux ans à Romsey, il a reçu de Guillemote, l'ordre de se rendre à Londres avec lui, Lemercier, Lelan et Jean Louis.

Il séjourna à Londres environ vingt-quatre heures ; il eut ordre de partir sous la conduite de Jean-Marie, sur un bâtiment anglais. Il débarqua au pied de la falaise de Béville, au commencement du mois de décembre dernier.

Jean-Marie le conduisit aussi à la ferme de la Poterie, où il reçut six louis.

Il a suivi la même route que Lemercier, jusqu'à Aumale, où on lui a fait faire aussi un habit.

Là, il s'est séparé de Lemercier pour aller

19.

à cinq lieues, dans un pays où il est resté avec Lelan environ un mois.

Il a ensuite rejoint Lemercier, et a fait route avec lui jusqu'au moment de son arrestation. Il a dit : qu'il n'était informé d'aucun complot ; qu'il n'avait jamais eu l'intention d'aller à Paris ; que sachant qu'on faisait des fouilles du côté d'Aumale, il avait cru devoir prendre la route de Bretagne.

L E L A N.

Il a servi dans les chouans.

Il est parti avec Lemercier et Cadudal.

Il a eu en Angleterre le même traitement qu'eux.

Il est revenu en France avec eux.

A reçu comme eux de l'argent et des pistolets avant de s'embarquer.

Il a de plus reçu un poignard.

Arrivé en France, il a suivi la même route que Cadudal ; il a fait les mêmes stations que lui.

Il a eu comme Lemercier et Cadudal, un habit à Aumale.

Il ne s'est séparé d'eux qu'au moment où la gendarmerie a arrêté Lemercier et Cadudal.

Il s'est échappé dans ce moment, et n'a été arrêté que le 27 ventôse au village de Nocher, canton de Saint-Aubin, chez Jamart.

On a trouvé sur lui les deux pistolets et le poignard qui lui avaient été donnés en Angleterre, avec onze cartouches.

Dans son premier interrogatoire, il a nié tous les faits.

Il a dit n'avoir jamais été en Angleterre, n'avoir connu ni Lemercier, ni Cadudal.

Il a fini par avouer devant le juge chargé de l'instruction, son voyage en Angleterre et une partie des faits dont on vient de rendre compte.

E V E N.

Il a porté les armes comme chouan.

Il a obtenu le grade de chef parmi les brigands.

A l'époque de la pacification, il a fait sa soumission personnelle aux lois de la République ; mais cette soumission n'était qu'apparente : il ne cessa de correspondre avec les rebelles qui étaient passés en Angleterre. De ce nombre, était un nommé Debar, ancien chef de chouans.

Il est revenu en France sur un navire anglais, fourni par l'amiral Cornwalis ; il est débarqué sur la côte de Saint-Quai , dans la nuit du 29 au 30 vendémiaire dernier.

L'objet de sa mission était de sonder l'esprit public du pays , de tâcher d'y relever le parti royaliste en ralliant les anciens chefs , de lever un contingent de 30 à 40 jeunes gens , qui se tiendraient prêts à marcher au premier signal, pour rejoindre à Paris d'autres jeunes gens qui devaient être provoqués par les mêmes moyens dans différents départements , et former une masse de 1500 hommes destinés à faire un coup de main et à assassiner le premier Consul.

Il était chargé de rendre compte de toutes les dispositions des forces maritimes et de terre, de répandre des écrits séditieux contre le premier Consul , et de provoquer la désertion des troupes.

Il était un des affidés de Georges , qui l'avait précédé en France avec plusieurs officiers qui s'étaient répandus dans différents départements et qui avaient la même mission.

Éven soupa avec Debar et un autre de ses complices dans les premiers jours de brumaire, à Kauffret, chez le nommé l'Hostis-Khor ,

maire de Maël-Pestivien. Il eut dans cette entrevue une conférence particulière , dans laquelle Debar lui donna la connaissance la
plus détaillée de sa mission et de ses projets.

Un mois après, Even reçut de Debar une
lettre pour lier entre eux un rendez-vous qui
eut lieu à Trébivan, chez Lecas, cultivateur
au village de Kmar.

Depuis, Debar lui écrivit deux autres
lettres dont la dernière se reporte à la fin de
frimaire , et a pour objet une correspondance
en Angleterre. Il se plaint de n'avoir pas reçu
de réponses.

Voici ce qui est relatif à cette correspondance : Debar avait déposé chez Penanster ,
demeurant dans la commune de Maël-Carrhaix,
un paquet contenant sa correspondance pour
l'Angleterre, il s'agissait de le faire passer à
sa destination. Penanster en chargea Even ,
son gendre, avec qui il était en rapport habi-
tuel pour cette espèce de mission. Even remit
lui-même le paquet à un commissionnaire, qui
fut chargé de le porter près les côtes , à l'en-
trepôt de la correspondance.

Even avait donné au même commissionnaire
une lettre qu'il avait écrite et adressée à son
beau-frère Penanster , à Southampton ; ce

Penanster était un ancien chef de chouans.

Le paquet de Debar et la lettre d'Even furent interceptés le 20 brumaire.

L'enveloppe portait pour inscription : *au Juste*, à Guernesey.

Le Juste est un surnom indicatif du chevalier Vossey, chef de chouans.

Sous l'enveloppe étaient cinq lettres.

La première, sans date, signée Debar, était adressée au ci-devant comte d'Artois ; elle est ainsi conçue :

« Monseigneur,

En suivant, en Basse-Bretagne, l'objet de la mission qui m'a été confiée par le général Georges, je me trouve singulièrement gêné par les demandes qui m'ont été faites de la part de personnes sincèrement attachées à leur souverain légitime ; j'ose croire que le général Georges a reçu de son Altesse les instructions les plus étendues ; je ne sais où le prendre, et je crains bien que d'ici à quelque temps, je ne puisse recevoir de ses nouvelles : dans cette incertitude, je supplie votre Altesse royale de me faire passer, par la voie de M. le che-

valier de Vossey, à Guernesey, des renseignements sur la conduite que je dois tenir avec
les officiers français. Plusieurs occupant des
places de première ligne, ont montré le desir de
servir les intérêts des princes français. Quelle
réponse peut-on leur donner? quelle assurance?
Veuillez bien, monseigneur, me tracer directement, ou par le canal du général G.....s,
la conduite que je dois tenir dans l'occurrence que je viens de mettre sous les yeux
de votre Altesse royale ; je vous prie de croire
que dans tous les temps je mettrai tout le zèle
et toute l'activité dont je suis capable pour
me rendre utile à la cause de mon roi.

« J'ai l'honneur d'être, avec un profond
respect, et un entier dévouement,

Monseigneur,

votre très-humble et très-obéissant
serviteur, signé Debar.

La deuxième, en date du 12 novembre 1803,
était adressée au papa, (c'est Georges.)

La troisième, datée du 13 novembre, était
adressée à mistriss Daouenne, à Jersey.

Et la quatrième, datée du 10 novembre
1803, était encore adressée au Juste.

Dans la lettre adressée à Penanster, Even

s'entretient des projets de Debar, qu'il dési-
gne sous le nom de Gaspard. Il s'exprime en
ces termes : J'ai vu notre parent Guillaume
Gaspard ; il est bien portant, mais, je ne sais
s'il est bien dans ses affaires ; avec peu de fonds,
je crois qu'il a entrepris un trop grand commerce.

Even est convenu de tous ces faits dans ses
divers interrogatoires. Il a également avoué
qu'il n'avait instruit aucune autorité constituée, des projets de Debar dont il avait
été le confident et dont il avait lui-même facilité
les moyens d'exécution, en se chargeant de
faire passer sa correspondance en Angleterre.
Il est donc clair qu'il est lié avec les conspirateurs, et qu'il en fait partie.

MERILLE.

Il a figuré dans toutes les guerres civiles de
l'Ouest.

Il était connu dans la chouannerie, sous le
nom de Beauregard et de Bon B.......

Il a commandé, sous celui de Beauregard,
une division, dans le canton de Vilaine, département de la Mayenne.

Il eut l'audace de faire, en 1796, l'écrit
suivant :

Au nom du Roi.

« Je soussigné, reconnais avoir reçu de Louis Bernout, la somme de cent livres en numéraire pour les dîmes et impôts dus au Roi.

» Fait le 12 février 1796, l'an deuxième du règne de Louis XVIII. »

Après l'avoir signé, il a écrit plus bas :

« Il est enjoint à madame Douanel de lui tenir compte de cinquante livres. »

Il a également signé.

Lors de ces deux signatures, il a pris le surnom de Jean, et la qualité de capitaine. Il paraît qu'après la pacification, il a continué ses brigandages, et s'est mis à la tête d'une bande de voleurs de diligence, qui s'était formée tant dans le département de la Sarthe que dans celui de l'Orne.

On lui attribue dans ces départements, des actes dont l'idée glace d'horreur.

Un homme de cette nature devait présenter aux chefs et aux agents de la conspiration, une garantie inattaquable.

Il fut appelé, et se hâta de se rendre au poste que le crime lui assignait.

Il a été conduit chez Michelot, dont l'ap-

partement avait été loué et disposé pour recevoir des hommes tenant à la conspiration.

Il a été ensuite loger chez Dubuisson, dont
l'appartement avait été loué et préparé dans
la même intention.

Ces faits ne peuvent être contestés, puisqu'il a été reconnu par Michelot, sa femme
et sa fille, et par Dubuisson et sa femme.

Il allait comme les autres conjurés prendre
le mot d'ordre et savoir où en étaient les choses, lorsqu'il se présenta, le 18 pluviôse dernier, à la maison Denand, qui n'est que trop
connue dans cette affaire.

On venait d'arrêter Picot qui avait fait feu,
qui était porteur d'un poignard, et qui avait
encore un pistolet armé à la main.

Pressé de dire ce qu'il voulait, il répondit
qu'il cherchait un logement.

Cette réponse évasive ne pouvait que faire
naître plus de soupçons.

On s'empara de lui, et on sentit qu'il avait
dans sa manche quelque chose d'extraordinaire.

On visita, et on y trouva un poignard sans
gaîne.

On l'arrêta; questionné sur son nom, il déclara s'appeler Mérelle.

Il soutint qu'il venait de Versailles où il avait couché.

On ne trouva sur lui qu'un passeport de l'an 5.

Interrogé à la police, on n'en tira aucun éclaircissement.

Il nia tout.

Il osa même soutenir qu'il n'avait pas servi avec les rebelles.

Ce n'est que le 26 ventôse dernier, qu'il est convenu que son vrai nom était Mérille, et qu'il avait été chef de légion de rebelles.

Il a prétendu alors que s'il avait quitté le lieu qu'il habitait ordinairement, ce n'était que parce qu'on avait prétendu qu'il était à la tête d'un corps armé d'environ sept cents hommes, et que les Chouans se levaient de nouveau.

Il a soutenu aussi, que le lendemain de son arrestation, il serait parti pour Bordeaux, où on lui avait promis une place, et que ses effets étaient chargés à la diligence pour le Mans, où il devait passer.

TROCHE, père et fils.

Troche fils, demeurant à Eu, s'est embarqué avec Lemaire pour l'Angleterre, vers la fin du mois de juillet dernier.

Il a été présenté par Lemaire à Georges, et il est revenu en France avec les conspirateurs qui faisaient partie du premier débarquement.

Son emploi était de leur montrer les chemins ; et c'est lui qui les a conduits à la ferme de la Poterie, qui était tenue par Détrimont, son cousin.

Il est resté, soit dans cette ferme, soit dans les environs, pour attendre les autres débarquements ; et c'est là qu'il a conduit les conspirateurs qui arrivaient.

Il mangeait avec eux ; il était chargé de leurs commissions.

Dans le cours de janvier, ils lui ont donné une lettre pour le capitaine Rigth : il a été pour le rejoindre sur la côte ; mais ne l'ayant pas trouvé, il l'a remise à Lemaire, avec lequel il avait rendez-vous à Guillemecourt.

Lemaire s'est embarqué sur la fin de janvier, et devait ramener, le 6 ou le 7 février, un quatrième convoi, composé de vingt autres conspirateurs ; c'est Troche qui a conduit Lemaire sur la côte à l'époque de ce dernier voyage.

Troche fils était payé. Il est convenu de

tous ces faits ; il n'ignorait pas les projets des conspirateurs , puisque Lemaire lui avait dit qu'il était chargé d'établir une correspondance de France en Angleterre au profit du parti royaliste.

C'est Troche père qui , sur l'invitation de Lemaire , a envoyé son fils en Angleterre , et a fait le marché relatif au transport du bateau pêcheur sur lequel il s'est embarqué avec Lemaire.

Il a été voir à la ferme de la Poterie les conspirateurs ; il leur a porté des aliments ; il a dîné avec eux plusieurs fois.

Il a procuré à Georges , dans le village de Mancheville , près d'Eu , un pavillon dans lequel il a demeuré pendant plusieurs mois.

Georges lui avait dit que d'autres débarquements devaient avoir lieu , et l'avait engagé à préparer des logements pour les personnes qu'il attendait.

Troche père avait été impliqué précédemment dans un procès criminel au tribunal d'Amiens , pour avoir favorisé l'enlèvement de 1,500,000 liv. en or , qui avaient été enfouies dans la Falaise , et que les Anglais firent passer à Rouen , à un nommé Mallet , qui prenait la qualité de *commandant en chef pour le roi* dans la Haute-Normandie.

Troche père et fils cherchent à faire entendre qu'ils ne connaissaient pas les desseins des conspirateurs qu'ils servaient avec tant de zèle.

MONNIER et sa femme.

De concert avec Louis Ducorps , qui demeurait chez eux à Aumale , ils ont facilité l'introduction furtive des conspirateurs dans le sein de la France.

Leur maison a servi de quatrième point de station.

C'est là que les conjurés se rendaient en venant de Preusseville , et c'est de là qu'ils partaient pour aller à Feuquières , chez Boniface Colliaux.

Louis Ducorps allait les chercher à Preusseville et les conduisait chez Monnier et sa femme; ils y arrivaient de nuit et en repartaient également de nuit le lendemain ou le surlendemain. Ils y étaient logés et nourris.

Cet arrangement a eu lieu pour les trois époques de débarquements.

Non-seulement Monnier a donné un asyle

momentané aux conspirateurs qui ne faisaient que passer, mais il a reçu habituellement ceux qui ont resté quelque temps dans les environs, tels que Lemaire, Georges et Saint-Vincent; c'est ce qui résulte de la déclaration de Louis Ducorps, qui les menait à leurs différentes destinations.

Monnier a conduit lui-même à Feuquières les conspirateurs qui sont venus chez lui à la troisième époque.

Monnier a reçu de Troche père cent vingt bouteilles de vin destinées aux conspirateurs; il en a envoyé soixante chez Colliaux, les soixante autres sont restées chez lui. Cette dernière circonstance indique que Monnier et sa femme devaient encore recevoir des conspirateurs qui devaient composer des débarquements ultérieurs.

Monnier a fait conduire chez la nommée Coguichard, l'une de ses voisines, des chevaux que le défaut de place l'empêchait de garder chez lui. Il payait la dépense. Il recourait, pour cet objet, à l'entremise du nommé Gabriot, qui est décédé depuis l'instruction du procès.

Monnier et sa femme ont fait faire aussi, par un tailleur d'Aumale, les habits d'uni-

20

forme vert pour Jean Louis , pierre-Jean Cadudal , Lemercier et Lelan.

Ce n'était pas assez pour eux de donner asyle aux conspirateurs , leur maison a été aussi un dépôt d'armes et de poudre.

Après l'arrestation de Monnier et de sa femme, qui a eu lieu le 12 pluviôse, on a trouvé chez eux huit fusils, quatre baïonnettes ; on avait eu soin d'envelopper les batteries de fusils avec un jupon d'indienne, pour les cacher entre la chûte et la distance des chevrons de la toiture d'une pièce pratiquée pour servir d'écurie.

On a aussi trouvé chez eux un paquet couvert d'un parchemin, contenant environ deux livres de poudre de fabrique anglaise ; un autre paquet contenant environ une livre de même poudre et deux autres petits sacs, contenant des balles et des cartouches.

Le tout était renfermé dans une boîte en bois recouverte d'un linge , portant pour inscription : *A M. Monnier, maître de pension, à Aumale.*

Monnier avait pris la précaution de placer cette boîte sous un tas de cendres dans la cheminée, et dans un trou pratiqué dans la terre ; les fusils et les baïonnettes avaient été portés par Lelan, Lemercier, Jean Louis et Pierre Jean.

La poudre avait été portée par Raoul-Gaillard. Monnier et sa femme avaient connaissance des brevets de capitaine et de lieutenant de l'armée royale qui avaient été expédiés à Louis Ducorps et à Noël Ducorps, au nom du roi, par le nommé Mallet.

Ces brevets ont été trouvés parmi les papiers saisis chez Monnier.

Les deux frères Ducorps étaient chez Monnier et sa femme au moment de leur arrestation.

Monnier était en relation avec Raoul et Armand Gaillard.

Raoul Gaillard vint chez lui, à Aumale, dans le cours du mois de ventôse an 11. C'était l'époque où il s'occupait du moyen de diriger la route et de préparer les gîtes des conspirateurs qui arriveraient d'Angleterre : il avait besoin d'un passeport pour circuler lui-même librement.

Monnier supposa que Raoul avait perdu son passeport, et il lui en fit délivrer un sous le nom d'Houvel par le maire d'Aumale ; le registre des passeports de la commune d'Aumale le prouve; on y lit ce qui suit :

Date du six ventôse,

« Rogatien Houvel, vivant de son revenu, demeurant en cette ville, chez le citoyen Monnier, maître de pension, rue Colleau, lequel a déclaré avoir perdu le passeport dont il était porteur, et obtenu le présent sur l'attestation des citoyens Monnier, maître de pension, et Loisel, marchand drapier, âgé de trente-quatre ans, taille de un mètre sept cens trente millimètres, cheveux et sourcils châtains-clairs, yeux bleus, nez bien fait, bouche moyenne, menton rond, front bas, visage ovale, né à Rouen, allant à Paris et Calais. Ce qu'il a signé avec les témoins :

Signé, *R. Houvel, Monnier* et *Loizel* ».

La conduite de Monnier et de sa femme est la suite des relations qu'ils avaient depuis long-temps avec les ennemis du gouvernement.

Elle a été aussi déterminée par les espérances et par l'argent qu'ils ont reçu.

Ils connaissaient le citoyen Calonne, ex-officier de cavalerie, qui a logé Raoul Gaillard et Mallet, et chez lequel on a trouvé des pièces qui établissent qu'il est sage de le surveiller.

Dans leurs premiers interrogatoires , ils ont soutenu qu'ils n'avaient reçu personne , qu'ils ne savaient pas ce qu'on voulait leur dire , et la femme Monnier a entretenu , avec la fille Payen leur domestique , une correspondance relative aux réponses que cette fille devait faire.

Dans une première lettre, elle s'exprime ainsi :

« Il faut avouer que tu as perdu la tête , assurément tu as fait des dépositions sur celles qu'on a dit que ton maître avait faites ? Restesen là , tu n'as dû nommer personne, puisqu'il est vrai que tu ne les connaîs 'pas ; ce serait un mensonge que tu ferais , si tu disais qu'il y en a un qui se nomme Georges , ou Pierre , ou Philippe , ou Joseph , ou Larive. On t'a parlé d'un gros ; si on t'en parle et que l'on te demande si tu sais son nom, tu diras que non ; si on te demande s'il est jeune , tu diras que non , *au contraire , qu'il est vieux* ; en un mot , je te défends d'en reconnaître aucun : si on te fait de nouvelles questions , *dis toujours que tu ne sais pas, que tu n'as pas autre chose à dire que ce que tu as dit.* Si on te présentait ton maître , c'est alors que tu dirais que ce que tu as dit , c'est parce qu'on t'a dit

que ton maître l'avait dit, et que pour lors
que tu as cru qu'il fallait dire comme lui,
que tu n'y sens pas de finesse ». Sur-tout, par
dessus tout, ne reconnaîs aucun d'eux, ni
leur nom à aucun; si on te questionne sur
leurs noms, tu diras je ne les ai pas entendu
nommer. Pour moi, jusqu'alors, j'ai dit que
je n'avais jamais reçu personne chez moi. Je
dirai toujours de même, que je n'en ai aucune
connaissance, même que dans ce temps-là
j'étais incommodée, et que j'étais souvent
couchée; on me dira que tu l'as avoué, je
serai quitte de dire que tu es folle, et d'après,
si on te demande s'il est vrai que j'ai été
malade, tu pourras dire que cela est vrai.

Tout le surplus de cette lettre est une véritable leçon de dissimulation, pour empêcher
que la vérité ne soit connue.

Elle finit par recommander expressément
à cette fille de bien prendre garde avec qui elle
cause, en lui observant qu'il y a des mouches.

La réponse de la fille Payen donne la mesure
de sa soumission.

Voici de quelle manière elle s'exprime :

« Vous voulez que je dise que vous aviez
été malade trois semaines. Je crains que l'on
ne fasse des informations, et que cela ne se

trouve pas vrai. Cherchez autre chose. Si vous
voulez que je le dise, dites-moi quelle maladie vous direz que vous aviez, pour que
je dise la même chose ».

Dans sa réplique, la femme Monnier lui
dit :

« Tu sais que dans le mois d'août, j'ai été
malade ; que j'avais un lâchement de corps,
que j'étais presque toujours couchée. Tu dis
que tu as dit que tu ne montais pas dans la
chambre, *tu peux te dédire de cela*. Je veux
que tu ne reconnaisses personne du tout, excepté Boniface, parce qu'il venait chez nous
assez souvent, et cela ne fait rien ; mais,
pour tous les autres, n'en reconnais aucun.
Si on questionne ta sœur, elle dira qu'elle
était chez sa mère pendant ce temps-là ; qu'elle
n'a jamais vu personne pendant qu'elle a travaillé chez moi ».

Ce n'est qu'à la fin de l'instruction, que
Monnier et sa femme ont avoué qu'ils avaient
reçu deux fois des voyageurs, qui leur avaient
été amenés par Louis Ducorps.

Ils ont prétendu, pour tâcher d'atténuer leurs
torts, que c'était Louis Ducorps, en pension
chez eux, qui leur avait amené des personnes,
sans leur dire ce qu'elles étaient réellement ;

Qu'il leur avait seulement dit que c'étaient des émigrés, qui prenaient des précautions pour se cacher.

Comme si les armes, la poudre, et le nombre des individus, ne démontraient pas évidemment qu'il s'agissait de toute autre chose que de cacher des émigrés.

DENAND et sa femme.

Denand et sa femme sont depuis long-temps en relation avec les conspirateurs.

Coster, dit Saint-Victor, trouva un asyle chez eux en l'an 9.

La conspiration qui fait l'objet du procès actuel devait rassembler les hommes qui y trempaient; et la maison de Denand s'est ouverte aux conspirateurs.

C'est là qu'ils ont trouvé un réfuge et un local pour tenir leurs conciliabules habituels; c'est là qu'ils ont trouvé tous les services dont ils avaient besoin.

Georges a demeuré chez eux quatre jours, dans le commencement de vendémiaire dernier.

Coster Saint-Victor est venu chez eux plu-

sieurs fois dans le mois de brumaire ; il y
a couché quelques nuits.

Roger dit Loiseau, y a demeuré pendant un mois entier ; et il n'en est sorti que
pour aller loger avec Coster Saint-Victor,
rue Xaintonge, n°. 49, où ils ont été
arrêtés.

Denand et sa femme leur ont fourni du
vin dans ce nouveau domicile ; c'est ce qui
résulte d'une note écrite sur une lettre datée
du 18 nivôse, et ainsi conçue :

25 *bouteilles de vin, rue Xaintonge, n°. 49.*

La femme Denand convient même y avoir
été voir Loiseau.

Desol, sous le nom de Desroches, a été
amené par Charles d'Hozier chez Denand et
sa femme, et il y a logé pendant une quinzaine de jours.

Noël Ducorps a été nourri chez eux pendant le même espace de temps.

C'est dans une chambre au premier que les
conspirateurs se réunissaient chez eux.

Pour n'être pas apperçus, ils évitaient de
passer par la boutique ; ils entraient par
l'allée.

Ils y venaient avec des pistolets et des poignards. C'est un point de fait qui résulte de

la scène qui a eu lieu le 18 pluviôse , au moment de la perquisition faite chez Denand.

Ce n'était pas assez de loger les conspirateurs, et de leur fournir un local pour leurs réunions journalières.

Il fallait encore placer dans les environs leurs chevaux et leurs voitures. Denand et sa femme se chargèrent de ce soin.

Ils louèrent, rue du Bac, deux écuries pour les chevaux d'Houvel et de Loiseau ; ils procurèrent à Noël Ducorps un logement rue de Varennes , chez Thibierge, tapissier.

Ils déposèrent, même rue , dans une autre maison , un cabriolet qui appartenait aux conspirateurs.

Ils se chargèrent encore de dépôt et de transports d'effets.

Il s'est trouvé dans leur maison un paquet qui appartenait á Noël Ducorps.

Ils avaient fait porter , dans son logement , une malle contenant des effets qui appartenaient à des conjurés.

La malle s'est trouvée chez Ducorps , et les clefs chez Denand.

Peut-on croire que tant de services ayent été rendus par Denand et sa femme , sans avoir

l'intention de favoriser le plan des conspirateurs ?

Peut-on le croire, quand on rassemble une
foule d'autres faits, qui annoncent les liaisons
et les confidences les plus intimes ?

La femme Denand avait le portrait de Coster
Saint-Victor.

Elle avait sur elle, au moment de son arrestation, une pièce d'argent qui, par le signe
qu'elle porte, paraît un moyen de ralliement.
La femme Denand la cachait soigneusement
dans un doigt de son gant, et on en a trouvé
une semblable sur Picot.

La femme Denand était chargée de recevoir
des fonds pour Desol : on a saisi chez elle
un livre, dont une note annonce qu'elle a
touché pour lui vingt-trois doubles louis.

Elle inscrivait sur un registre les dépenses
personnelles de Loiseau et de Houvel. Sur
ce registre, Loiseau est désigné sous le nom
de Julie ; Houvel, sous celui de Rosalie.

Pourquoi cette interposition mystérieuse de
noms ?

Les contradictions et les mensonges de Denand et de sa femme viènent encore jeter un
grand jour sur leur culpabilité.

Denand avait dit, dans son interrogatoire,

qu'une chambre au second, qui servait d'asyle aux conspirateurs, était louée à une dame qui était à la campagne dans le moment.

La femme Denand a dit que cette chambre était tenue par elle et par son mari.

Denand avait dit que des chemises et des gants d'homme qu'on avait trouvés dans une commode de cette chambre ne lui appartenaient pas, et qu'il ne savait comment ils y étaient. La femme Denand a dit qu'ils appartenaient à son mari.

Sur une autre pièce au second dans laquelle a logé Loiseau, mêmes contradictions entre le mari et la femme.

La dernière version de la femme, n'est ellemême qu'un tissu de mensonges évidents.

Elle dit qu'en Vendémiaire cet appartement cessa d'être occupé par une dame Rambourg qui s'en alla en laissant ses meubles pour prix des loyers qu'elle devait, et qu'ensuite elle l'avait loué pour une dame Malingre à un individu qui lui paya cinq cents livres pour deux termes de loyer et pour le prix des meubles, et qui, un mois après, au lieu de lui présenter la dame Malingre, lui amena Loiseau.

Mais qu'était et qu'est devenue la dame Rambourg ?

Denand et sa femme ne l'ont pas dit. Qu'é-
tait cette dame Malingre ? même silence.
Quel est l'individu qui avait loué pour elle, et
qui a amené Loiseau ? même mystère.

Denand et sa femme étaient en relations ha-
bituelles avec Charles d'Hozier ; il allait souvent chez eux ; il y parlait aux conspirateurs,
et la femme Denand allait le voir rue St.-An-
toine et lui fournissait du vin dans ce logement.

Les faits multipliés qui sont personnels à
Denand et à sa femme, les services journaliers
qu'ils ont rendus aux conspirateurs, leur intimité avec eux, la retraite et le lieu de réunion
qu'ils leur ont fournis, leurs contradictions et
leurs mensonges prouvent qu'ils sont agents et
complices.

VERDET et sa femme.

Verdet et sa femme ont été rangés dans la
même classe que Denand et sa femme.

C'est chez eux que les principaux personna-
ges de la conspiration ont trouvé un asyle.

C'est là que se tenaient les conciliabules.

Il paraît que depuis l'an quatre Verdet et sa
femme étaient liés avec Raoul Gaillard dit St.-
Vincent.

Dans le mois de Fructidor dernier, Verdet
et sa femme, de concert avec lui, ont quitté
leur appartement rue des Écouffes, et ont été
habiter une maison isolée, rue du Puits de
l'Hermite.

Des meubles furent achetés pour garnir cette
maison ; le loyer fut payé d'avance pour deux
termes, depuis le 1 Vendémiaire an 12 jusqu'au 1 Germinal suivant : l'argent fut fourni
par Raoul.

Vers le 7 de Nivôse dernier, Raoul alla visiter les appartements qui avaient été préparés ;
et à cette époque, il amena dans la maison
Georges et Armand Polignac ; quelques jours
après arriva Picot, qui apporta les porte-man-
teaux de Georges et de Polignac ; Picot passait pour le domestique de Georges.

Ils y restèrent huit à dix jours ; ils s'en allèrent et ne revinrent que vers le 10 pluviôse.

Dans les différentes époques de leur séjour,
ils y furent visités par plusieurs des conspirateurs, notamment par Pichegru, par Villeneuve et par Rivière.

Pichegru y coucha deux nuits dans la chambre que Georges occupait et qu'il lui céda.

Villeneuve y coucha aussi quelques nuits.

Burban y a également couché trois nuits.

Verdet et sa femme étaient aussi chargés de
la nourriture des conspirateurs.

Georges et Armand Polignac donnaient
trente-six livres par mois pour la location de
leur appartement.

Les conspirateurs avaient pris des noms
supposés :

Raoul, prenait le nom de Roblot ;
Georges, celui de Couturier ;
Polignac, celui d'Armand ;
Picot, celui de Joseph ;
Pichegru, celui de Charles ;
Burban, celui de Delasère ;
Villeneuve et Rivière conservèrent leurs
noms.

La femme Verdet a engagé la fille Mangeot
à recevoir chez elle Burban ; elle a été le voir
dans ce domicile, avec Raoul et son mari. Ils
y ont déjeûné.

C'est elle qui a apporté deux ceinturons
chez la fille Mangeot, chez laquelle Raoul
avait porté un sabre et une carabine chargée
qui appartenaient à Georges.

Le 19 pluviôse, elle fut chargée par les
conspirateurs qui venaient chez elle, de porter

à Bouvet de Lozier, le billet de Gaillard, dont les termes ont été rapportés.

Elle fut arrêtée au moment où elle entrait dans la maison.

Les conspirateurs réfugiés chez elle l'attendaient; elle ne revint pas; son absence leur donna l'allarme; ils s'en allèrent de sa maison, la nuit du 19 au 20.

Tous les faits qui vièrent d'être énoncés, sont le résultat des aveux de Verdet et de sa femme, consignés dans leurs différents inter--rogatoires; et ces aveux sont confirmés par les confrontations qui ont eu lieu avec Piche-gru, Armand Polignac, Georges et Picot.

Verdet et sa femme ignoraient-ils les inten-tions des conspirateurs ? N'est - ce pas, au contraire, dans le dessein de les favoriser, qu'ils leur ont donné retraite, et qu'ils leur ont fourni tout ce dont ils avaient besoin ?

Plusieurs circonstances s'élèvent encore contre eux d'une manière fort grave.

Verdet et sa femme connaissaient depuis l'an 4, Raoul sous ce nom; quand il a pris le nom de Roblot, en fructidor an 11, ce déguisement leur devait paraître suspect.

Au moment de son arrestation, la femme Verdet a dit qu'elle ne répondrait à aucune

question , de peur qu'il ne lui arrivât de plus
grands malheurs.

Quand Verdet et sa femme ont été inter-
rogés , pourquoi se sont-ils obstinés à désigner
Raoul Gaillard sous le nom de Roblot , et
à cacher son véritable nom ?

On a trouvé chez Verdet et sa femme ,
près de 2,000 francs , tant en argent qu'en or.

N'est-il pas évident que cette somme leur
avait été donnée par les conspirateurs , à titre
de récompense ? surtout , quand d'un côté on
voit que Verdet n'avait qu'un traitement de
1600 fr. pour son ménage , composé de lui ,
de sa femme et de deux enfants ; et que d'un
autre côté , le mari et la femme ont été en
contradiction perpétuelle sur l'origine de cet
argent ; suivant le mari , son frère lui avait
donné 1200 fr. ; suivant la femme , il ne lui
avait donné que 400 francs.

On a trouvé dans l'appartement de la
femme , de la poudre , des cartouches , des
balles.

Dans le jardin on a trouvé , enfouis dans la
terre , des cartouches à balles , et une composition d'artifice qui étaient liées ensemble ,

21.

et qui paraissaient destinées à faire une explosion.

Dans le puits trois paires de bottes, qui,
par leurs dimensions, ont paru appartenir à
Georges et à Picot.

La femme Verdet a été présente à la ré-
daction d'un bail qui a été fait d'une maison
sise à Aubonne, et cette maison était des-
tinée à servir aussi d'asyle aux conspirateurs.

La femme Verdet avait avec Raoul des
rapports d'intimité qui ne permettent pas de
douter qu'elle n'eût son secret, et qu'elle ne
se soit rendue agente de la conspiration.

Verdet, dans son premier interrogatoire,
n'indique pas sa demeure rue du Puits-l'Hermite ; mais bien rue des Écouffes, quoiqu'il
eût quitté ce domicile depuis plus de quatre
mois.

Verdet et sa femme n'ont avoué qu'à la
fin de l'instruction, que Georges, Polignac
et Picot étaient encore chez eux le 19 pluviôse ; ils avaient toujours soutenu qu'ils en
étaient sortis plusieurs jours auparavant.

Ce mensonge avait été imaginé pour en
appuyer un autre relatif à la lettre que la
femme Verdet fut chargée de porter à Bouvet de Lozier ; elle avait dit qu'elle lui avait

été donnée par Roblot qu'elle avait rencontré
dans le quartier de la rue Saint-Sauveur; et
dans la réalité elle lui avait été remise par les
conspirateurs qui logeaient chez elle. Ce fait
résulte du contexte du billet, et de l'attention qu'ils ont eue de quitter cette maison la nuit du 19 au 20, lorsqu'ils ont vu
que la femme Verdet ne rentrait plus chez elle,
et qu'ils ont craint qu'elle ne fût arrêtée.

S P I N.

Les conspirateurs, pour faire réussir leurs
complots, avaient besoin de trouver à Paris
des retraites où ils pussent tout-à-la-fois
combiner entr'eux les moyens d'exécution et
se soustraire à l'activité de la Police.

Charles d'Hozier fut leur agent; et il choisit
Spin pour remplir ses vues.

Spin, fidèle à la mission qui lui fut donnée,
se chargea non-seulement de chercher des
logements pour les conspirateurs, mais encore d'y pratiquer des caches qui leur don-
nassent l'espérance d'échapper aux perquisitions les plus exactes.

Dans le mois de fructidor, il fit louer un
logement rue de Carême-prenant, n.° 31,

par la femme Dubuisson , qu'il présenta lui-
même sous le faux nom de la dame Berry.
Cet appartement fut meublé ; et c'est là
que logèrent plusieurs conjurés , notamment
Georges et Villeneuve.

Il en fit louer un autre rue de Bussy , par
Michelot et par sa femme, qu'il présenta également lui-même. Dans cet appartement, logèrent Charles-d'Hozier et d'autres individus.
Michelot et sa femme les servirent.

Enfin , c'est lui qui a déterminé Dubuisson
et sa femme à recevoir chez eux , rue Jean-
Robert , les conspirateurs qui leur seraient
présentés par d'Hozier.

C'est dans cet appartement qu'ont logé les
deux Polignac et Derivière ; c'est là qu'ont
été trouvés Villeneuve, Burban et Datry.

Spin a eu plusieurs conférences avec Charles
d'Hozier dans ce logement, et il y a vu plusieurs fois les conspirateurs qui s'y réfugiaient.

Dans chacun de ces logements, il y avait une
cache que Spin avait pratiquée lui-même. Pour
être sûr du secret, il avait eu soin de n'employer
aucune main étrangère ; menuiserie , maçon-
nerie, serrurerie , il s'était chargé de tout.

Spin avait pris pour lui, dans sa maison, la
même précaution que pour les conspirateurs ,

dans les logements qu'il leur avait procurés. C'est dans cette cache qu'il a été arrêté le 5 germinal.

Ces faits sont le résultat de l'instruction ; et Spin, écrasé par l'évidence, en a fait l'aveu dans ses divers interrogatoires.

Il soutient n'avoir pas cru servir des conspirateurs.

D U B U I S S O N *et sa femme.*

Ils ont aussi été les agents des conspirateurs.

Leur maison en a été le réfuge. C'est là que les uns se retiraient ; c'est là que les autres venaient les visiter : c'est là qu'il s'établissait un point de correspondance pour communiquer entr'eux.

Ils ont vu construire dans une des pièces de leur domicile, une cache, qui avait pour objet de soustraire les conspirateurs aux recherches de la police.

C'est dans cette cache qu'ont été arrêtés, le 4 germinal dernier, Villeneuve, Datry et Burban, dont l'un était dans la maison depuis quinze jours ; les deux autres, depuis cinq à six jours.

Les conspirateurs se succédaient dans cette maison.

Merille et Hervé, sous le nom de Major, y sont entrés le 11 nivôse, et ils y sont restés environ dix jours. Charles d'Hozier y a passé quelques nuits.

Ils ont été remplacés par les deux Polignac et Derivière qui passaient tous trois pour frères sous le nom de Roger, et qui y sont restés une quinzaine de jours. Cette maison a servi d'asyle à un autre individu dont l'instruction n'a pu apprendre le nom.

D'autres conspirateurs, Georges notamment, sont venus voir dans cette maison ceux qui s'y cachaient. La fille Hizay et la fille Bédigié y sont également venues.

La femme Dubuisson s'est chargée, de la part des conspirateurs, de faire différentes démarches.

Elle a eu plusieurs rendez-vous à l'église de Saint-Nicolas avec la fille Hizay qu'elle avait reçue chez elle, et qui devait y venir voir Villeneuve, Datry et Burban, le soir du jour même où ils ont été arrêtés.

Tous ces faits résultent des aveux de Dubuisson et de sa femme, ainsi que des différents procès-verbaux de confrontation.

Le nombre des conspirateurs qui se sont succédé chez Dubuisson et sa femme, les visites fréquentes qu'ils y recevaient, les commissions mystérieuses qu'ils faisaient faire, tout imprime à leur conduite un caractère de culpabilité.

La loi du 9 ventôse, que Dubuisson lui-même a avoué connaître, l'aurait déterminé à dénoncer à la police les hommes auxquels il donnait retraite, s'il ne leur avait pas été dévoué sans réserve.

Ne trouve-t-on pas une nouvelle preuve de son zèle pour eux, dans le rôle qu'il a joué au moment où les agents de police se sont présentés chez lui ? Il était en observation à sa fenêtre ; il se retire et avertit lui-même Datry, Villeneuve et Burban : il les aide à se retirer dans leur cache. Ainsi c'est lui-même qui a préparé cette scène sanglante où trois brigands armés de pistolets et de poignards, ont lutté contre les braves qui les ont arrêtés, en ont blessé un grièvement, et ne se sont rendus que quand le développement d'une force supérieure leur a ôté tous moyens de résistance.

Ils ont soutenu pour leur justification qu'ils

avaient toujours pensé qu'ils ne recevaient
que des personnes honnêtes.

C A R O N.

Il est prévenu d'avoir pris part à la conspiration en recevant chez lui et en tenant caché
dans son appartement Joyaut, dit Villeneuve,
et Burban pendant dix jours, sans avoir fait
à la police la déclaration prescrite par la
loi du 9 ventôse dernier.

Il paraît que Burban était depuis long-temps
connu de Caron, auquel il avait été présenté
par un vicaire de Saint-Sulpice.

Dans les premiers jours de ventôse, Burban
sollicita Caron de lui procurer un logement
pour une ou deux personnes, et pour lui;
il lui dit que, pour éviter les difficultés que
l'on éprouvait souvent dans les hôtels garnis,
ses camarades et lui préféraient d'être logés
chez des bourgeois; qu'ils avaient besoin
d'une ou deux chambres; que si elles n'é-
taient pas garnies, ils achèteraient les meubles
qui leur seraient nécessaires.

Caron promit de faire des recherches.
N'ayant pas trouvé de logement, Burban le
pria de le recevoir chez lui avec l'un de ses
camarades, et ne lui laissant pas ignorer qu'il

s'agissait de sauver la vie à deux individus qui étaient poursuivis, il lui offrit même une somme de 8000 francs.

Il paraît que Caron hésita quelque temps à accorder ce qu'on lui demandait. D'une part il était retenu par la crainte du danger, et par les pressantes sollicitations de Françoise Souder, l'une de ses filles de boutique qui le conjurait les larmes aux yeux de ne point recevoir cet individu, et qui s'était même jetée à ses genoux pour l'en détourner; de l'autre, il était stimulé par l'appât du gain, et par l'intérêt qu'il prenait au sort des conspirateurs.

Quoi qu'il en soit, il donna sa parole à Burban ; et le 18 ventôse au soir, peu d'instants après que la nouvelle de l'arrestation de Georges se fut répandue dans le quartier, Joyaut et Burban s'étant présentés chez lui, ils y furent reçus, et ils y restèrent cachés jusqu'au 29 du même mois, jour de l'arrestation de Caron.

De son aveu, ils ne lui dissimulèrent pas l'intérêt qu'ils prenaient à Georges. A l'instant où ils furent instruits de son arrestation, l'un d'eux ne put s'empêcher de dire que c'était un malheur.

Ce jour-là même, 29 ventôse, Burban et Joyaut chargèrent Caron de passer à l'hôtel des Ministres, rue de l'Université, pour s'informer auprès de la demoiselle Gasté, de l'adresse de la fille Bouvet; il y fut arrêté, et déguisa la vérité dans ses premières réponses : il supposa qu'il était allé chez la demoiselle Gasté, sur l'invitation de deux individus à lui inconnus, qui étaient venus acheter du rouge chez lui.

Cette dissimulation laissa le temps à Joyaut et à Burban, de se soustraire à la police, et de se procurer un autre asyle.

Caron a prétendu, dans ses réponses, qu'il ignorait que les individus logés chez lui, fussent du nombre des conspirateurs ; qu'il ignorait leur nom, du moins celui de Joyaut; qu'il avait formellement déclaré qu'il ne recevrait point Georges chez lui; qu'il ne les avait accueillis qu'après avoir consulté le vicaire de sa paroisse en qui il avait confiance ; qu'il avait même fait dire une messe aux Carmes, pour implorer les secours de l'Esprit saint sur la conduite qu'il devait tenir dans cette occurrence, et qu'après son arrestation, il avait donné à la police les renseignements au moyen

desquels Joyaut et Burban furent ensuite arrêtés rue Jean-Robert.

GALLAIS et sa femme.

Les recherches les plus actives étaient faites par la police pour découvrir la retraite de
Charles d'Hozier.

Le dix Germinal, on le trouve dans une
chambre au troisième, dépendante de la maison occupée par Gallais et sa femme rue St.-
Martin, n.° 60.

Il y avait deux mois environ que Gallais et
sa femme lui avaient donné asyle.

Dans le cours de l'instruction, ils ont déclaré
qu'une dame Belon, courtière, avait amené
chez eux une dame Denis et une autre pour
voir un local qui était à louer ; que c'était avec
la dame Denis qu'ils avaient traité.

Qu'elle avait acheté chez eux les meubles
nécessaires pour ce local ; que quand il avait
été arrangé, Charles d'Hozier y était venu,
et qu'il avait payé le prix des meubles.

Ils ont ajouté qu'ils ne l'avaient connu que
sous le nom de Saint-Martin ; qu'on leur avait
annoncé qu'il était obligé de se cacher, parce
qu'il avait des dettes, et que c'était le motif

qui les avait déterminés à ne faire aucune déclaration.

Il est difficile de croire que Gallais et sa
femme ne savaient pas que l'homme auquel
ils donnaient réfuge, fût un des hommes ins-
crits sur la liste des brigands chargés par le
ministère britannique, d'attenter aux jours du
premier Consul.

C'est dans leurs propres réponses qu'existe
la preuve de leur culpabilité.

Quand le commissaire de police leur a demandé s'ils n'avaient pas d'étrangers logés chez
eux, ils ont répondu que non.

Ils ont laissé le commissaire monter dans
un grenier, faire abattre un plafond pour pénétrer dans un endroit où l'on pouvait cacher
quelqu'un, et parcourir toutes les chambres de
la maison. Ce n'est enfin que lorsque le commissaire a trouvé Charles d'Hozier dans une
chambre au troisième, qu'ils ont été obligés
d'avouer qu'ils lui avaient donné asyle.

Ils avaient serré dans leurs propres armoires
une partie des effets appartenants à Charles
d'Hozier; ils avaient eu soin de n'en pas parler;
on ne les découvrit que par suite de la perquisition faite dans leur domicile.

Ils ont prétendu que ce n'était qu'un acte
pur d'officiosité.

Leur conduite et le silence qu'ils ont gardé
depuis la loi du 9 ventôse, prouvent qu'ils
étaient initiés dans la conspiration.

FILLE HIZAY.

Son père est le toiseur ordinaire de Spin ,
entrepreneur de bâtiments.

C'est chez lui que Charles d'Hozier avait
placé Datry.

Il paraît que c'est la cause première des relations de cette fille avec Charles d'Hozier et
avec Datry, qui la jugèrent capable d'entrer
dans le complot horrible formé contre la sûreté
de l'État.

C'est elle qui, abusant de la misère de la
veuve Lemoine, devenue femme Prilleux, lui
proposa de louer une boutique sous son nom,
sous la condition qu'elle serait libre de disposer des différentes chambres qui pourraient
dépendre de la location, pour y placer des
personnes de sa connaissance.

C'est réellement elle qui a loué, rue et
montagne Sainte-Géneviève, sous le nom de
cette femme indigente, une boutique et une
chambre haute.

Elle a fait, avec les deniers qui lui ont été
fournis par les conspirateurs , les dépenses

nécessaires pour avoir quelques meubles et pour mettre la femme Prilleux en état d'ouvrir une boutique de fruitière.

Elle a eu l'attention de s'emparer de la clef de la chambre haute.

C'était pour assurer une retraite à Charles d'Hozier que la boutique et la chambre avaient été louées ; mais Charles d'Hozier a consenti ensuite à ce que la location fût pour le compte de Georges et de Joyaut, qui ont tout payé. Elle est restée chez la fruitière , à partir du moment où Georges , Joyaut et Burban y sont arrivés.

Elle connaissait les vrais noms de ces trois hommes.

Elle connaissait leurs relations avec Charles d'Hozier et avec d'autres conjurés, qui s'occupaient dans l'ombre des moyens d'ensanglanter la France.

Elle allait voir chez Dubuisson, Datry exchef des Chouans, qu'elle savait aussi s'être retiré dans ce repaire.

Elle était évidemment l'intermédiaire entre un grand nombre d'assassins.

Le jour de l'arrestation de Georges et de l'évasion de Joyaut et Burban, dont elle n'a pu ignorer la retraite, elle s'est occupée de

soustraire à la justice tout ce qui pouvait laisser
des traces de leur séjour chez la femme Prilleux.

Instruite que la fille de cette fruitière s'était
sauvée par ordre de Georges, au moment où
il montait en cabriolet, et avait déposé chez un
voisin, nommé Vigreux, un sac qu'il lui avait
fait porter pour le placer dans sa voiture, elle
s'est empressée d'aller le redemander. Elle l'a
rapporté et l'a enfermé dans la cave de la
fruitière. Le lendemain, elle l'a pris et l'a
porté à ce qu'elle prétend, à Datry chez Dubuisson.

Ce sac, d'après la déclaration de Vigreux
qui l'a ouvert, devait contenir environ six à
sept cents ducats en or, avec des billets, et
s'élève aujourd'hui la question de savoir qui
a disposé de l'or et des billets.

Il est vrai que de forts soupçons se sont
élevés sur une autre personne; mais les préventions formées contre elle ne sont pas encore entièrement détruites.

Si on examine sa conduite depuis l'arrestation de Georges, on la voit toujours agissant pour la conspiration.

Elle va chez Dubuisson, où se sont retirés

Burban et Joyaut, et où tant d'autres ont trouvé asyle.

Crainte d'être trop remarquée, elle a des rendez-vous avec la femme Dubuisson dans une église.

Elle a prétendu, à la préfecture de police, que l'objet de ses rendez-vous était de faire venir Joyaut, Burban et Datry dans une maison où elle était, près des barrières, afin de les faire sauver par le jardin de Mousseaux.

Elle est convenue qu'elle avait été aussi voir Charles d'Hozier, chez Dubuisson; que Charles d'Hozier l'avait envoyée deux fois chez la fille Bedigié, qui demeure rue Coquillière, avec le citoyen Denis, et c'est chez la mère de cette fille qu'on a trouvé des armes et des effets que Charles d'Hozier y avait fait déposer.

Tous les faits qui caractérisent sa conduite sont irrévocablement fixés par l'instruction. Elle a été reconnue par la fruitière et par sa fille, par Dubuisson et par sa femme.

Questionnée pour savoir si elle n'avait pas entendu plusieurs fois Georges, Joyaut et Burban s'expliquer sur leur projet de subversion, elle a répondu d'un ton ironique, qu'au contraire elle avait entendu dire à Georges, qu'il fallait prier pour le premier consul, et qu'on serait bien à plaindre, s'il n'y était pas.

Lors de son arrestation, elle portait à son col un médaillon représentant d'un côté une croix faite en satin blanc, bordure noire, placée sur un fond de satin rose.

Derrière ce médaillon est écrit:

Parcelles de la vraie croix
Vénérées à la sainte chapelle
de Paris, et dans la collégiale
de Saint-Pierre à Lille.

Au bas est une parcelle du roseau de N. S.

Après lui avoir représenté ce médaillon qu'elle a reconnu, on lui a demandé comment elle avait pu abandonner ses père et mère pour suivre trois hommes, auprès desquels elle paraissait avoir couché pendant trois semaines.

Elle a répondu qu'elle n'avait couché que pendant huit jours dans leur chambre; qu'avant elle couchait en bas près de la fruitière.

A elle demandé s'il y avait une séparation dans la chambre où logeaient Georges, Joyaut et Burban?

Elle a répondu, qu'il y avait une cloison, mais que la cloison ne fermait que par un rideau.

22

Et pour tâcher d'affaiblir l'idée qui se formait encore de son immoralité sous ce nouveau rapport, elle a dit qu'elle faisait coucher avec elle la fille de la fruitière, âgée de 15 ans.

N'est-il donc pas de la plus haute évidence que cette fille est aussi agente et complice des conspirateurs ?

De tous ces détails, il résulte, que Georges Cadoudal, Athanaze-Hyacinthe Bouvet de Lozier, François-Louis Rusillion, Étienne-François Rochelle, Armand-François-Héraclius Polignac, Jules-Armand-Auguste Polignac, Abraham-Charles-Augustin d'Hozier, Charles-François Derivière, Louis Ducorps, Louis Léridant, Louis Picot, Victor Couchery, Henri-Odille-Pierre-Jean Rolland, Frédéric Lajolais, Jean-Victor Moreau, Pierre David, Michel Roger, Michel Hervé, Claude Le Noble, Jean-Baptiste Coster, Yves-Marie-Joseph Rubin-Lagrimaudière, Victor Deville, Armand Gaillard, Noël Ducorps, Aimé-Augustin-Alexis Joyaut, Nicolas Datry, Louis-Gabriel-Marie Burban, Guillaume-Lemercier, Pierre-Jean Cadudal, Jean Lelan, Joseph-Laurent Even, Jean Mérille et Gaston Troche,

Sont prévenus de conspiration, tendante à troubler la République par une guerre civile, en armant les citoyens les uns contre les autres, et contre l'exercice de l'autorité légitime.

Délit prévu par l'article six cent douze de la loi du trois brumaire an quatre.

Que Michel-Joseph-Pierre Troche, Pierre Monnier, Marie-Anne Colasse, femme de Pierre Monnier, Jean-Baptiste Denand, Sophie Duval, femme de Jean-Baptiste Denand, Jacques Verdet, Catherine-Mélanie Monot Osvalt, femme de Jacques Verdet, Pierre-Antoine Spin, et Marie-Michel Hizay,

Sont prévenus de complicité de ladite conspiration.

Délit prévu par l'article six cent douze de la loi du trois brumaire an quatre, et par l'article premier du titre trois de la seconde partie du Code pénal.

Que Pierre-Jean-Baptiste Dubuisson, Madeleine-Sophie Lambotte, femme Dubuisson, Marie-Antoine Caron, Simon-René Gallais, et Jeanne-Aimée-Françoise Guerard, femme Gallais,

Sont prévenus également de complicité de

ladite conspiration ; et en outre, d'avoir recelé des individus dénommés dans la liste des soixante désignés comme brigands, signée du grand-Juge, ministre de la justice, affichée et publiée par ses ordres.

Délits prévus par l'article six cent douze de la loi du trois brumaire an quatre, par l'article premier du titre trois de la seconde partie du code pénal, et par les articles premier, deux et trois de la loi du neuf ventôse an douze, relative aux recéleurs de Georges et autres brigands.

Ledit commissaire du Gouvernement, accusateur public, accuse chacun des sus-nommés, des délits à lui ci-dessus attribués.

Et Requiert, qu'ils soient tous mis en jugement, pour être par le tribunal criminel et spécial de la Seine, prononcé ce qu'il appartiendra.

Fait au Parquet dudit tribunal, palais de justice, à Paris, le vingt-cinq Floréal an douze.

Signé, G É R A R D.

Certifié conforme.

F R É M Y N, Greffier.

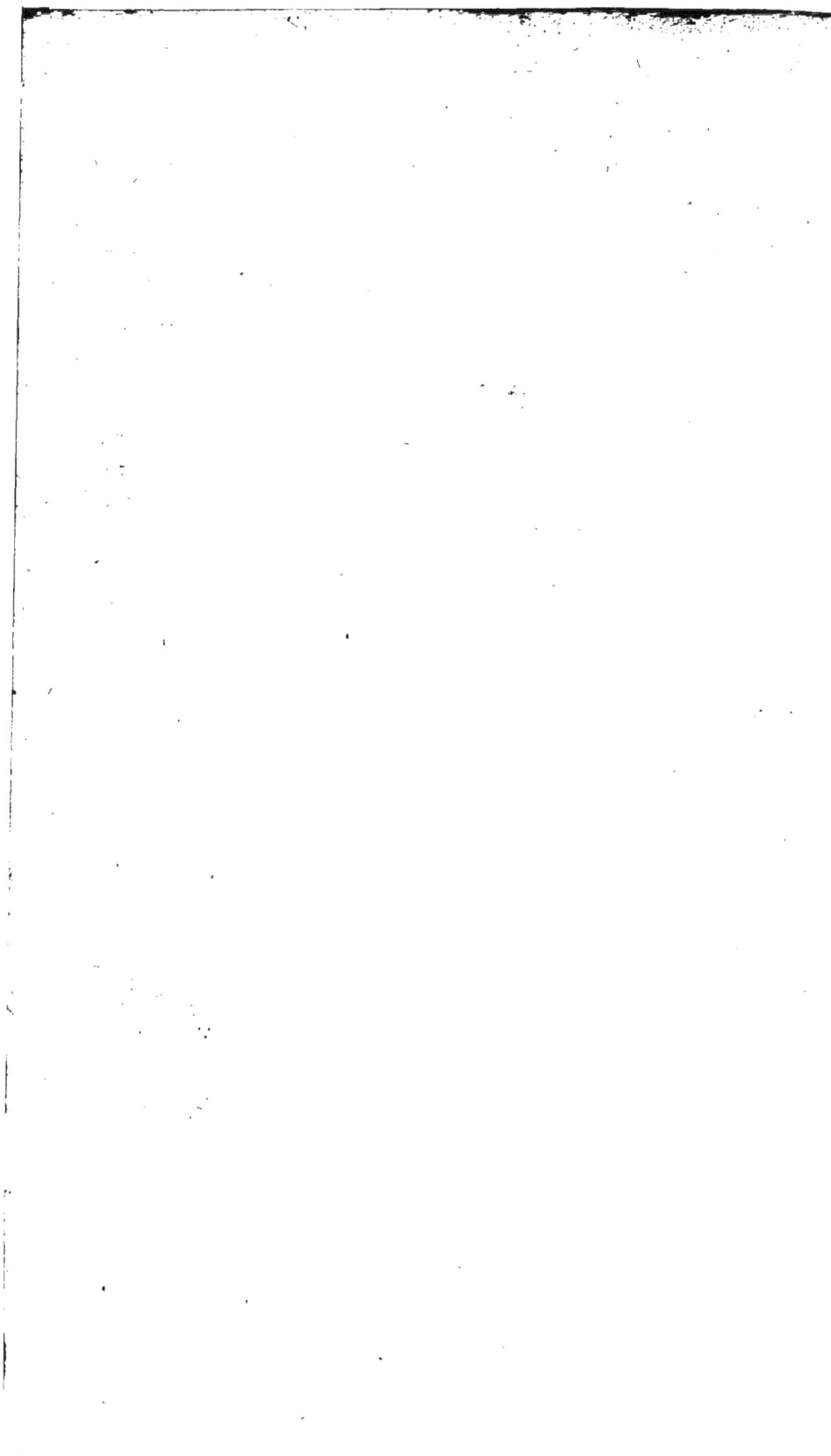

www.ingramcontent.com/pod-product-compliance
Lightning Source LLC
Chambersburg PA
CBHW060140200326
41518CB00008B/1096